图解 汽车底盘
结构、原理与维修

李土军 主编

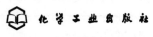

化学工业出版社

·北京·

内 容 简 介

本书主要介绍汽车底盘（传动系统、行驶系统、转向系统、制动系统）的结构原理、检测方法、拆装与维修操作及要领。内容涵盖汽车离合器、手动变速器、行星齿轮式自动变速器、双离合器变速器、动力传递机构、四轮驱动系统、悬架与车轮、转向系统、制动系统（包括基础制动系统和制动控制系统）的部件组成、功用、结构、工作原理、拆装方法及检测与维修技术。本书从实际出发，讲解理论知识够用即止，突出实际操作技能的掌握和运用。

全书图文并茂，内容详细，描述具体，且循序渐进，易学实用，适合汽车维修工特别是汽车底盘维修工使用，也适合刚走上汽车维修岗位的初级技术人员阅读，还可作为汽车培训机构以及大中专院校师生的参考书。

图书在版编目（CIP）数据

图解汽车底盘结构、原理与维修/李土军主编.—北京：化学工业出版社，2022.2
ISBN 978-7-122-40342-1

Ⅰ.①图… Ⅱ.①李… Ⅲ.①汽车-底盘-结构 ②汽车-底盘-理论 ③汽车-底盘-车辆修理 Ⅳ.①U472.41

中国版本图书馆 CIP 数据核字（2021）第 241957 号

责任编辑：周　红　　　　　　　　　　文字编辑：袁　宁
责任校对：李雨晴　　　　　　　　　　装帧设计：刘丽华

出版发行：化学工业出版社（北京市东城区青年湖南街13号　邮政编码100011）
印　　装：三河市延风印装有限公司
787mm×1092mm　1/16　印张13¼　字数343千字　2022年5月北京第1版第1次印刷

购书咨询：010-64518888　　　　　　售后服务：010-64518899
网　　址：http://www.cip.com.cn

凡购买本书，如有缺损质量问题，本社销售中心负责调换。

定　价：99.00元　　　　　　　　　　　　　　　　　版权所有　违者必究

前言

随着我国家庭用车的增多及汽车整体保有量的增长,汽车已经成为人们日常生活中离不开的代步工具,成为日常生活中重要的一部分,汽车的使用、保养与维修也日益受到用户的重视。底盘作为汽车的重要组成部分,对汽车的行驶稳定性、操纵性、乘坐舒适性及安全性影响极大。为了让更多的驾驶人和刚刚接触汽车保养与维修行业的初级维修工熟悉汽车底盘的保养、维修要点,掌握汽车底盘的结构原理和维修技能,提高从业人员的技术和实践水平,特编写了本书。

本书重点讲述了维修工应具备的汽车底盘基础知识和基本维修技能。全书共分为八章,详细阐述了汽车手动变速器(包括离合器)、行星齿轮式自动变速器、双离合器变速器、动力传递机构、四轮驱动系统、悬架与车轮、转向系统、制动系统的功用、基本结构、工作原理,以及基本维修步骤、故障诊断与排除等实际维修技能。

全书简单易懂,将复杂的理论知识融合到图示中,便于理解。本书除了介绍主要部件的结构知识以外,还增加了主要部件的拆装和维修;注重实际操作能力的培训,强调即学即用,是汽车运用人员和维修人士非常高效的"汽修老师"。

本书可作为汽车修理工入门和提高的自学教材以及汽车修理工职业技能鉴定的辅导用书,也可供汽车专业师生和从事汽车保养与维护、汽车检测、汽车维修管理的技术人员参考。

本书由李土军主编,参加本书编写工作的还有李春、颜雪飞、颜复湘、欧阳汝平、朱莲芳、陈庆吉、周家祥、颜雪凤、李玲玲。

由于本书涉及内容较广,加之编写时间仓促,书中难免有不足及疏漏之处,敬请广大读者不吝指正。

编者

目录

第一章
手动变速器 / 001

第一节　离合器 …………………………………………………………… 001
一、概述 …………………………………………………………………… 001
二、离合器工作情况的检查 ……………………………………………… 003
三、离合器分离轴承的更换 ……………………………………………… 003
四、离合器摩擦片的检查与更换 ………………………………………… 004
五、离合器踏板自由行程的检查和调整 ………………………………… 005
六、离合器液压传动装置排气 …………………………………………… 006
七、离合器常见故障的检查与排除 ……………………………………… 007

第二节　手动变速器总成 ………………………………………………… 008
一、概述 …………………………………………………………………… 008
二、手动变速器油的检查和更换 ………………………………………… 009
三、倒车灯开关的检查 …………………………………………………… 010
四、变速器总成的拆卸和安装 …………………………………………… 011

第三节　换挡操纵机构 …………………………………………………… 014
一、概述 …………………………………………………………………… 014
二、换挡操纵球头的拆装 ………………………………………………… 014
三、换挡操纵机构的拆装 ………………………………………………… 015
四、换挡操纵机构的检查调整 …………………………………………… 016

第四节　变速器总成的检修 ……………………………………………… 017
一、变速器总成的分解 …………………………………………………… 017
二、变速器总成的组装 …………………………………………………… 021
三、输入轴 ………………………………………………………………… 021
四、输出轴 ………………………………………………………………… 024
五、选换挡机构 …………………………………………………………… 027
六、差速器总成 …………………………………………………………… 030

第二章
自动变速器 / 033

第一节　自动变速器总成 ………………………………………………… 033
一、概述 …………………………………………………………………… 033
二、自动变速器油液（ATF）的检查 …………………………………… 035
三、自动变速器油液的更换 ……………………………………………… 035

四、失速转速测试 ·· 036
　　五、自动变速器总成的拆卸 ··· 037
　　六、自动变速器总成的分解 ··· 039
　第二节　换挡操纵机构 ·· 046
　　一、概述 ··· 046
　　二、P挡紧急解锁方法 ·· 047
　　三、换挡杆球头的拆装 ··· 047
　　四、换挡拉索的拆装 ··· 048
　　五、换挡杆总成的拆装 ··· 048
　　六、空挡启动开关的拆装 ··· 049
　　七、换挡拉索总成的检查与调整 ·· 049
　第三节　液压控制系统 ·· 050
　　一、概述 ··· 050
　　二、变矩器的检查 ·· 053
　　三、变矩器的安装 ·· 054
　　四、变速器油泵的检修 ··· 056
　　五、换挡电磁阀的拆解与检查 ·· 057
　　六、控制系统常见故障的检修 ·· 060

第三章
双离合器变速器 / 065

　第一节　概述 ··· 065
　　一、湿式双离合器变速器 ··· 066
　　二、干式双离合器变速器 ··· 070
　第二节　双离合器变速器的保养 ··· 074
　　一、更换齿轮油和齿轮油滤清器（02E） ····································· 074
　　二、更换变速器油（0AM） ··· 075
　第三节　双离合器的更换 ··· 077
　　一、湿式双离合器的更换 ··· 077
　　二、干式双离合器的更换 ··· 079
　第四节　机械电子装置的拆卸和安装 ·· 084
　　一、02E变速器机械电子装置的拆装 ·· 084
　　二、0AM变速器机械电子装置的拆装 ·· 086

第四章
动力传递机构 / 091

　第一节　传动轴 ··· 091
　　一、传动轴的结构与工作原理 ·· 091
　　二、传动轴的检修 ·· 092

三、传动轴的拆卸 ·· 092
　　四、十字轴的更换 ·· 094
　　五、传动轴中间支撑的更换 ·································· 095
　第二节　半轴 ·· 096
　　一、半轴的结构与工作原理 ·································· 096
　　二、左前驱动轴总成的更换 ·································· 097
　　三、等速万向节和等速万向节防尘罩的更换 ···················· 098
　　四、三销式万向节和三销式万向节防尘罩的更换 ················ 099
　　五、半轴的检修 ·· 099
　第三节　主减速器与差速器 ······································ 100
　　一、主减速器的结构与工作原理 ······························ 100
　　二、后桥主减速器油的检查与调整 ···························· 101
　　三、后桥主减速器的拆解 ···································· 101
　　四、后桥主减速器的重新组装 ································ 107

第五章
四轮驱动系统（4WD）/ 113

　第一节　概述 ·· 113
　　一、四轮驱动系统的类型及原理 ······························ 113
　　二、四轮驱动开关 ·· 114
　　三、分动器 ·· 115
　　四、黏液耦合器 ·· 115
　　五、电控耦合器 ·· 116
　第二节　马自达四轮驱动系统 ···································· 118
　　一、概述 ·· 118
　　二、变矩器油温传感器的检查 ································ 119
　　三、4WD电磁线圈的检查 ····································· 120
　　四、电控耦合器的更换 ······································ 121
　第三节　三菱欧蓝德四轮驱动系统 ································ 122
　　一、四轮驱动系统的组成和工作模式 ·························· 122
　　二、电子控制耦合器的结构与工作原理 ························ 125
　　三、电子控制耦合器的检查 ·································· 126

第六章
悬架与车轮 / 128

　第一节　前悬架 ·· 128
　　一、概述 ·· 128
　　二、前副车架的拆卸 ·· 129
　　三、前转向节的拆卸 ·· 132

四、前轮毂轴承的更换 …… 134
　　五、前减振器总成的拆卸 …… 134
　　六、前减振器总成的分解与组装 …… 135
　　七、前减振器的检修 …… 136
　　八、前悬架支柱其他部件的检修 …… 137
　第二节　后悬架 …… 137
　　一、概述 …… 137
　　二、后螺旋弹簧的更换 …… 140
　　三、后减振器总成的更换 …… 140
　　四、后钢板弹簧的更换 …… 141
　　五、后轮毂轴承总成的拆卸 …… 142
　第三节　车轮与轮胎 …… 143
　　一、概述 …… 143
　　二、轮胎气压的检查与调整 …… 145
　　三、车轮的拆装 …… 146
　　四、轮胎的更换 …… 147
　　五、车轮的检查 …… 148
　　六、车轮动平衡 …… 149
　　七、轮胎换位方法 …… 150
　　八、前轮前束的调整 …… 151

第七章
汽车转向系统 / 152

　第一节　齿轮齿条式转向系统 …… 152
　　一、概述 …… 152
　　二、方向盘的拆装 …… 153
　　三、转向外拉杆的更换 …… 154
　　四、转向机总成的更换 …… 154
　　五、转向管柱的检查 …… 156
　　六、转向管柱的拆卸和安装（本田飞度）…… 156
　第二节　液压助力转向系统 …… 159
　　一、概述 …… 159
　　二、检查转向油泵传动带 …… 163
　　三、检查转向油液位 …… 163
　　四、转向油的更换 …… 164
　　五、动力转向系统排气 …… 164
　　六、动力转向油泵的更换 …… 165
　第三节　电动助力转向系统 …… 166
　　一、概述 …… 166
　　二、电动助力转向管柱总成的拆装 …… 167

三、EPS 电控系统的维修操作 ………………………………………………… 169
四、EPS 电机的更换 …………………………………………………………… 170

第八章
汽车制动系统 / 171

第一节　液压制动系统 ……………………………………………………………… 171
　　一、概述 ………………………………………………………………………… 171
　　二、制动液的检查与更换 ……………………………………………………… 173
　　三、制动踏板高度和自由行程的调整 ………………………………………… 174
　　四、制动系统的排气 …………………………………………………………… 175
　　五、真空助力器的检查 ………………………………………………………… 176
　　六、真空助力器的更换 ………………………………………………………… 177
　　七、制动软管的更换 …………………………………………………………… 178
第二节　盘式制动器与鼓式制动器 ………………………………………………… 179
　　一、盘式制动器的结构原理 …………………………………………………… 179
　　二、制动片的检查与更换 ……………………………………………………… 179
　　三、制动盘的检查方法 ………………………………………………………… 182
　　四、前制动盘的更换 …………………………………………………………… 183
　　五、制动钳的维修 ……………………………………………………………… 184
　　六、鼓式制动器的结构原理 …………………………………………………… 185
　　七、鼓式制动器的检查 ………………………………………………………… 186
　　八、后轮制动鼓的更换 ………………………………………………………… 187
　　九、后轮制动蹄的更换 ………………………………………………………… 187
第三节　驻车制动系统 ……………………………………………………………… 189
　　一、概述 ………………………………………………………………………… 189
　　二、驻车制动器的检查和调节 ………………………………………………… 191
　　三、驻车制动器拉杆的更换 …………………………………………………… 192
　　四、驻车制动器拉线的更换 …………………………………………………… 192
第四节　制动控制系统 ……………………………………………………………… 193
　　一、防抱死制动系统（ABS） ………………………………………………… 193
　　二、电子稳定系统（ESP） …………………………………………………… 196
　　三、ABS/ESP 系统电路图 …………………………………………………… 197
　　四、ABS 系统的初步检查 …………………………………………………… 198
　　五、ABS 控制单元的拆卸和安装 …………………………………………… 201
　　六、前轮 ABS 轮速传感器的拆卸和安装 …………………………………… 202
　　七、后轮 ABS 轮速传感器的拆卸和安装 …………………………………… 203

第一章

手动变速器

第一节 离合器

一、概述

1. 离合器的作用与组成

离合器位于发动机和变速器之间的离合器壳内,用螺栓将其固定在飞轮的后平面上。在汽车行驶过程中,驾驶员可根据需要踩下或松开离合器踏板,切断或传递发动机向变速器输入的动力。其具体功用有以下几个方面:

① 使发动机与传动系逐渐接合,保证汽车平稳起步。
② 暂时切断发动机与传动系的联系,便于发动机的启动和变速器的换挡。
③ 限制传动系所承受的最大转矩,防止传动系各零件因过载而损坏。
④ 有效地降低传动系中的振动和噪声。

汽车离合器及其操纵机构主要部件包括离合器踏板、离合器总泵、离合器分泵、油管、液压分离轴承、离合器压盘和离合器从动盘。如图1-1所示,单片摩擦式离合器主要由主动

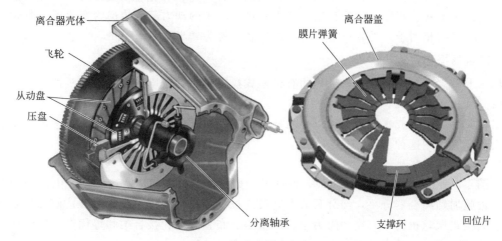

图1-1 单片摩擦式离合器

部分（飞轮、离合器盖、膜片弹簧和压盘等）、从动部分（从动盘）组成。主、从动部分是保证离合器处于接合状态并能传递动力的基本结构。操纵机构是使离合器主、从动部分分离的装置。

2. 离合器的工作原理

手动变速器离合器的工作原理如图1-2所示。

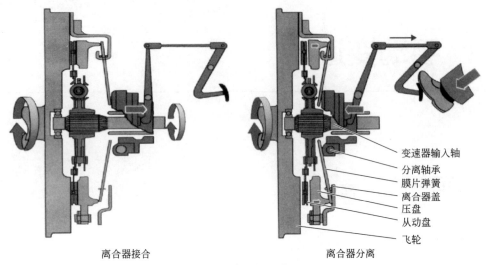

图1-2　离合器的工作原理

离合器接合时，利用压紧元件（膜片弹簧）作用于离合器压盘，将离合器从动盘紧压在飞轮上，产生一定的摩擦力矩，从而将发动机的动力传递到传动系统。

当车辆在正常行驶时，压盘紧紧压靠在飞轮的摩擦片上，此时压盘与摩擦片之间的摩擦力最大，变速器输入轴和飞轮转速相同。

离合器分离时，快速踩下离合器踏板，利用操纵系统驱动分离轴承，利用杠杆原理推动离合器膜片弹簧，放松对离合器从动盘总成的压紧，从而切断发动机的动力，以进行换挡操作。当慢慢松开离合器踏板时，液压解除，离合器分离轴承逐渐退回原位，离合器又处在接合状态，传递动力。

部分踩下离合器时，离合器压盘与飞轮上的摩擦片之间是滑动摩擦状态。车辆起步时，飞轮的转速大于变速器输入轴的转速，从飞轮传输出来的动力部分传递给变速器。此时发动机与驱动轮之间相当于一种软连接状态，这种状态称为"半联动"。

3. 离合器操纵机构

汽车上最为常见的离合器操纵机构有机械式操纵机构和液压式操纵机构两种。

(1) 机械式操纵机构

结构简单，制造成本低，既可以采用杆系传动，也可以利用拉索传动。拉索传动布置灵活，汽车一般采用这种传动方式。

(2) 液压式操纵机构

如图1-3所示，踩压离合器踏板，推杆带动离合器总泵中的活塞运动，产生液压力。此液压力被施加到离合器分泵，经分泵放大后最终推动分离轴承压下膜片弹簧，使离合器逐渐分离。液压式操纵机构具有摩擦阻力小、质量小、布置方便、接合柔和等优点，广泛运用于轿车和传动距离较长的大型客车上。

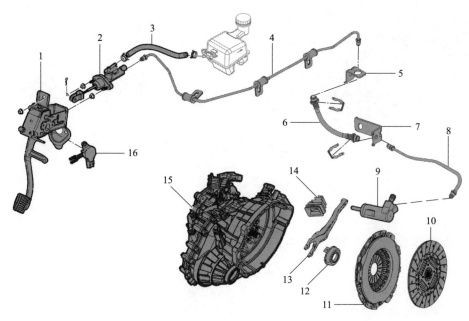

图1-3 液压式操纵机构

1—离合踏板总成；2—离合器总泵；3—离合器总泵软管；4,8—离合硬管总成1；5,7—离合软管支架；6—离合分泵软管总成；9—离合器分泵；10—离合器摩擦片；11—离合器压盘；12—分离轴承；13—离合器拨叉；14—拨叉防尘罩；15—变速器总成；16—踏板角度传感器

二、离合器工作情况的检查

离合器工作情况的检查主要包括离合器接合、分离、打滑、异响检查。

① 离合器接合检查。使发动机运转，挂上一挡，缓慢抬起离合器踏板，如能平稳起步，则表明其接合状况良好。

② 离合器分离检查。使变速器处于空挡，发动机高速运转，踩下离合器踏板，挂一挡或倒挡。若各挡能平稳接合，而汽车保持静止不动，则说明离合器可以彻底分离；否则，需再次对离合器进行调整。

③ 离合器打滑检查。拉紧驻车制动，并锁止驱动轮，踩下离合器踏板，将变速器挂入一挡。此时一边提高发动机转速，一边慢慢松开离合器踏板，若发动机停转，则表明离合器不打滑。

④ 离合器异响检查。在汽车运行过程中，当踩下或松开离合器踏板时，离合器均无异响，则表明离合器正常。

三、离合器分离轴承的更换

① 拆卸变速器总成。
② 将分离拨叉1与分离轴承2脱开连接，如图1-4所示。
③ 旋转分离轴承1至缺口与限位卡（箭头）对齐，取下分离轴承1，如图1-5所示。
④ 检查分离轴承是否磨损过度，是否有裂痕、偏磨等，必要时更换。
⑤ 按相反的顺序安装新的分离轴承。

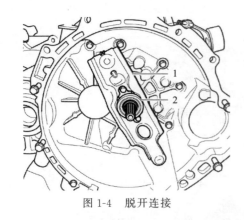
图 1-4　脱开连接

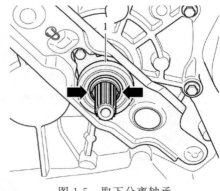
图 1-5　取下分离轴承

四、离合器摩擦片的检查与更换

汽车离合器在行驶过程中可能会出现分离不彻底、打滑、异响等故障现象。这些故障除操纵机构本身导致以外，很大一部分是由离合器的压板、摩擦片、分离轴承所致。

① 拆下手动变速器总成。
② 拆卸离合器盖总成。
- 在离合器盖总成和飞轮总成上做好装配标记。

注意：做标记的目的是防止破坏压盘与飞轮的安装动平衡。
- 每次将各固定（安装）螺栓拧松一圈，直至弹簧张力被完全释放。
- 拆下固定螺栓并拉下离合器盖，拆下离合器摩擦片总成。

③ 拆下分离轴承及分离拨叉。从变速器输入轴上拆下分离拨叉及分离轴承总成。
④ 检查压盘表面是否磨损、开裂或灼伤。
⑤ 使用直尺和间隙规检查压盘平面度，如图 1-6 所示。如果平面度超出维修极限（0.15~0.2mm），则更换压盘。
⑥ 测量离合器摩擦片的厚度，如图 1-7 所示。如果测量值小于维修极限，则更换离合器摩擦片。

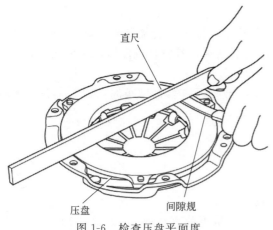

图 1-6　检查压盘平面度

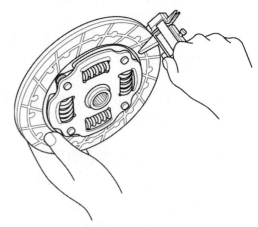

图 1-7　测量离合器摩擦片厚度

⑦ 测量铆钉到摩擦片表面的深度，如图 1-8 所示。如果小于 0.2mm，说明摩擦片磨损

严重，直接更换摩擦片。

⑧ 暂时将离合器从动盘安装到变速器主轴的花键上，确保离合器从动盘在主轴上自由滑动。

⑨ 在曲轴导向轴承表面涂抹一层薄薄的钼基润滑脂。

⑩ 在离合器从动盘的花键上涂抹钼基润滑脂，然后用离合器定位工具组件安装离合器从动盘，如图1-9所示。

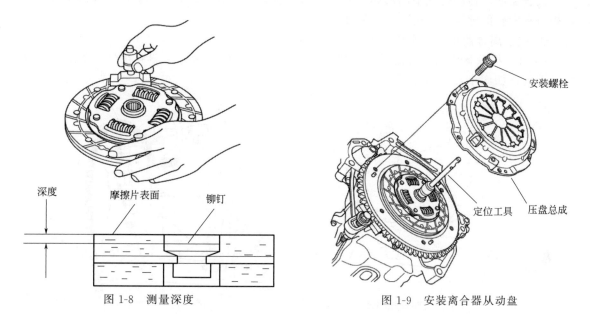

图1-8 测量深度　　　　图1-9 安装离合器从动盘

⑪ 安装压盘和安装螺栓并用手拧紧。

⑫ 以交叉方式紧固安装螺栓。分几步紧固安装螺栓，以防止膜片弹簧弯曲。压盘安装螺栓转矩：约25N·m。

⑬ 拆下齿圈固定器和离合器定位工具组件。

⑭ 确保膜片弹簧销钉的高度相同。

⑮ 进行分离轴承检查，如有必要，进行更换。

⑯ 安装手动变速器。

五、离合器踏板自由行程的检查和调整

在离合器接合状态下，分离杠杆内端与分离轴承间留有一个自由间隙，这个间隙反映到离合器踏板上去，即踩离合器踏板时有空行程，称为离合器踏板的自由行程。

随着离合器从动盘摩擦片的磨损量逐渐加大，离合器踏板自由行程逐渐减小。为避免该自由行程彻底消失，规定当汽车行驶一定里程后，需要定期检查和调整离合器踏板自由行程。检查方法如下：

踩下离合器踏板直至感觉到有阻力为止，此段行程为离合器踏板自由行程，如图1-10所示。这时使用刻度尺确认自由行程在规定的范围（10～15mm）内。

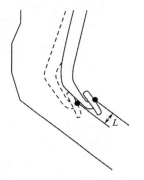

图1-10 离合器踏板自由行程

对于离合器采用拉索进行操纵的车辆，离合器踏板的自由行程的调整方法是：拧松离合器拉索端头锁紧螺母，转动调节螺母，直到踏板行程达到规定要求。对于采用液压操纵的离合器，如果离合器踏板的自由行程超出了标准范围，则更换离合器总泵。

六、离合器液压传动装置排气

离合器液压传动装置中的液体混有空气时，将会引起离合器分离不彻底，在踩下离合器踏板时有发软的感觉，应按下列方法排除空气：

① 拔下离合器排气阀螺栓上的盖罩，如图1-11所示。

② 将一根软管插在离合器排气阀螺栓（箭头）上，软管的另一端放在带有刻度的干净的容器内，如图1-12所示。

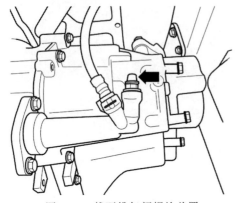

图1-11 拔下排气阀螺栓盖罩

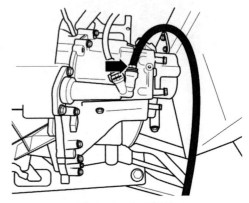

图1-12 放置软管

③ 旋下离合器储液罐加注口盖1，一边排放，一边视储液罐2液面情况加注制动液（DOT4），如图1-13所示。

提示： 制动液液面不允许低于MIN处，防止空气进入管路。

④ 一名技师反复用力踩下离合踏板1，数次后持续踩住不放，如图1-14所示。

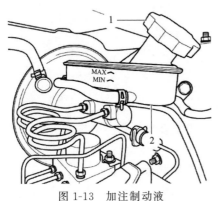

图1-13 加注制动液

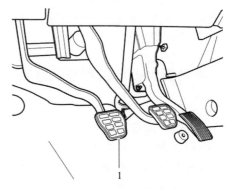

图1-14 踩下离合踏板

⑤ 另一名技师旋松离合器排气阀螺栓（箭头），直到被踩住的离合踏板不再向下移动为止，此时拧紧离合器排气阀螺栓。

⑥ 如果多次踩放踏板，从软管中都有气泡冒出，应检查各连接部位有无渗漏现象，油管有无裂纹，主泵或工作泵密封圈是否可靠。

七、离合器常见故障的检查与排除

1. 离合器分离不彻底

离合器分离不彻底故障的检查与排除方法如表 1-1 所示。

表 1-1　离合器分离不彻底故障的检查与排除

步骤	检查项目	正常	若有故障	排除方法
1	检查离合器踏板自由行程	进行第 2 步	自由间隙过大,分离行程不足	检查并调整离合器踏板自由行程
2	检查离合器液压系统内油液是否不足或有空气	进行第 3 步	离合器液压系统内油液不足或有空气	添加油液,并对液压系统进行排气
3	检查分离轴承是否损坏或磨损过度	进行第 4 步	分离轴承损坏或磨损过度	更换分离轴承
4	检查离合器压盘、膜片弹簧是否磨损过度	进行第 5 步	离合器压盘、膜片弹簧磨损过度	更换离合器压盘总成
5	检查分离拨叉是否损坏或变形	进行第 6 步	分离拨叉损坏或变形	更换分离拨叉
6	正确检修操作后,检查故障是否出现	诊断结束	故障未消失	从其他症状查找故障

2. 离合器异响

离合器异响故障的检查与排除方法如表 1-2 所示。

表 1-2　离合器异响故障的检查与排除

步骤	检查项目	正常	若有故障	排除方法
1	未踩下离合器踏板时,是否有噪声或异响	进行第 2 步	离合器踏板自由行程不够或摩擦片过度磨损	调整离合器踏板自由行程或更换摩擦片
2	踩下离合器踏板时有噪声或异响	进行第 3 步	分离轴承磨损或损坏	更换分离轴承
3	在起步时离合器半联动是否有噪声	进行第 4 步	分离轴承拨叉衬套损坏	更换分离轴承拨叉衬套
4	正确检修操作后,检查故障是否出现	诊断结束	故障未消失	从其他症状查找故障

3. 离合器打滑

离合器打滑故障的检查与排除方法如表 1-3 所示。

表 1-3　离合器打滑故障的检查与排除

步骤	检查项目	正常	若有故障	排除方法
1	检查离合器踏板自由行程	进行第 2 步	离合器踏板自由行程过小,离合器打滑	调整离合器踏板自由行程

续表

步骤	检查项目	正常	若有故障	排除方法
2	检查离合器液压系统是否堵塞或泄漏	进行第3步	离合器液压系统堵塞或泄漏，导致压力过低	清洁制动液储液罐，清洁油管路，更换堵塞或泄漏零件
3	检查离合器从动盘是否磨损过度或沾有油污	进行第4步	离合器从动盘总成磨损过度或沾有油污	更换离合器从动盘总成或清除油污
4	检查离合器盖总成膜片弹簧是否损坏	进行第5步	离合器盖总成膜片弹簧损坏	更换离合器盖总成
5	正确检修操作后，检查故障是否出现	诊断结束	故障未消失	从其他症状查找故障

第二节 手动变速器总成

一、概述

1. 手动变速器的构成

手动变速器简称为MT，换挡时须由驾驶人用手拨动变速杆才能改变变速器内的齿轮啮合位置，改变传动比，从而达到变速的目的。轿车手动变速器大多为5挡或6挡有级式齿轮传动变速器。换挡时，必须先踩下离合，方可拨动变速杆。

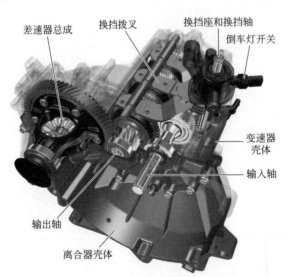

图1-15 手动变速器的总体结构

如图1-15所示，手动变速器由输入/输出轴、选挡和换挡机构、换挡拨叉与拨叉轴、倒挡机构、差速器、离合器壳体和变速器壳体等组成。汽车发动机的动力是由发动机经变速器输入轴前端的花键传递到变速器里面，然后通过不同的挡位齿轮、输出轴传递到主减速/差速器齿轮上，通过差速器壳体、差速器中的行星齿轮、半轴齿轮，再经左右半轴传递到驱动轮上。

2. 手动变速器的换挡原理

变速器通过其内部挡位、齿轮齿数、齿轮半径的变化，改变发动机所输出的转速、转矩，实现汽车行驶、变速、倒车、怠速、停车等性能要求。

5速手动变速器的结构如图1-16所示。传动系统通过输入轴和输出轴上不同齿轮间的啮合来改变转动的速度和方向，从而产生五个不同速比的前进挡和一个倒挡。除倒挡外，所有其他的挡位齿轮均持续啮合。选择一挡时，同步器齿套施压于同步器齿环，使其与选择的对应挡位的锥环接触。这使得同步器齿毂和齿轮的速度同步。然后，同步器齿套通过环簧以及同步器齿套上的伸出齿,伸进齿轮内。选换挡轴上的拨头保证可以准确地选择挡位,并确保挡位保持在工作位置。转矩通过离合器从发动机传送到变速器输入轴。然后,转矩通过选择的挡位传送到输出轴小齿轮和主减速从动齿轮,然后传送到驱动轴。二挡、三挡、四挡和五挡的操作过程与一挡相同。选择倒挡时,倒挡齿(与输入轴一体)、输出轴倒挡齿分别与倒挡惰轮相啮合,以此来改变输出轴的转向,从而获得倒挡。

图 1-16　5 速手动变速器的内部结构

锁环式惯性同步器的结构如图 1-17 所示。同步器的左右两侧都有一个齿环,齿套(接合套)通过键槽套在齿毂上,并能在齿毂上滑动。换挡时,换挡拨叉推动齿套向待啮合齿轮移动,齿套上六个高齿挤压环簧,使环簧直径变小,此时,环簧会卡紧并制动齿环,从而推动齿环向待啮合齿轮移动,使齿环内锥面与待啮合齿轮外锥面接触,产生摩擦力并逐渐形成同步旋转,继续推动齿套与齿轮完全啮合,实现换挡。

图 1-17　锁环式惯性同步器
1—同步器齿环；2—同步器齿套；3—同步器齿毂；4—环簧

二、手动变速器油的检查和更换

① 将车辆停在水平地面上,并关闭发动机。

② 用举升机举升车辆。
③ 拆下前轮挡泥板。
④ 如图 1-18 所示，拆下注油螺塞和密封垫圈，检查变速器油情况，并确保油液处于正确的油位。
⑤ 如果变速器油脏污，拆下放油螺塞并排空变速器，如图 1-19 所示。
⑥ 用新密封垫圈重新安装放油螺塞，并重新为变速器加注齿轮油至正确油位。
轿车变速器的齿轮油加注量通常是 1.5~2.0L。
⑦ 安装带新密封垫圈的注油螺塞。

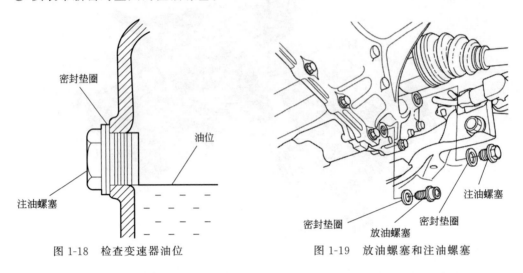

图 1-18 检查变速器油位　　　　图 1-19 放油螺塞和注油螺塞

三、倒车灯开关的检查

当倒车灯不亮，确定故障疑点是倒车灯开关时，可用如下方法检查倒车灯开关。
① 断开倒车灯开关 2 针插接器 A，如图 1-20 所示。
② 检查倒车灯开关 2 针插接器 1 号端子和 2 号端子之间是否导通，如图 1-21 所示。当换挡杆置于倒挡位置时应导通。如果结果显示有故障，转至步骤③。

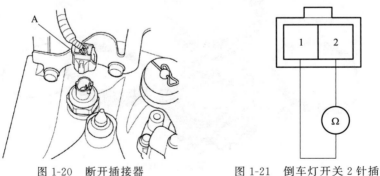

图 1-20 断开插接器　　　　图 1-21 倒车灯开关 2 针插接器

③ 拆下倒车灯开关 A，如图 1-22 所示。检查倒车灯开关 2 针插接器 1 号端子和 2 号端子之间是否导通。按下开关端 B 时应导通，松开开关端时应不导通。如果结果显示有故障，则更换倒车灯开关。如果开关正常，检查变速器中的倒挡换挡片。

④ 安装已拆下的或新的倒车灯开关和垫圈。
⑤ 连接倒车灯开关 2 针插接器。

四、变速器总成的拆卸和安装

手动变速器出现故障需要大修时，要将变速器总成从发动机上脱开，然后拆卸下来。本田飞度手动变速器总成的拆卸和安装方法如下。

1. 变速器总成的拆卸

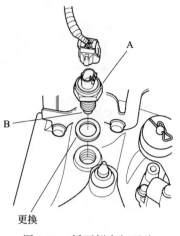

图 1-22　拆下倒车灯开关

① 完全打开或拆下发动机盖罩。
② 拆下挡风玻璃刮水器臂。
③ 拆下前罩板和发动机盖铰链。
④ 拆下刮水器电机。
⑤ 拆下前罩下板。
⑥ 拆下蓄电池。
⑦ 拆下空气滤清器壳体。
⑧ 拆下空气滤清器支撑。
⑨ 如图 1-23 所示，旋出蓄电池托盘固定螺栓（箭头），取下蓄电池托盘。
⑩ 拆下离合器软管托架和分泵。从卡扣上拆下离合器管路，然后小心地取出分泵以免弄弯离合器管路，如图 1-24 所示。

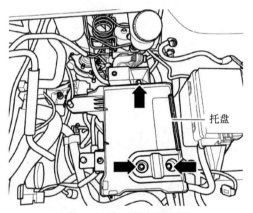

图 1-23　取下蓄电池托盘

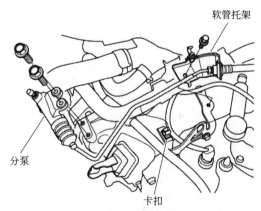

图 1-24　取出离合器分泵

注意：
- 不要断开离合器管路接头。
- 拆下分泵后，不要踩下离合器踏板。

⑪ 断开倒车灯开关插接器，然后拆下线束夹。
⑫ 拆下锁销、换挡拉线托架螺栓和线束夹，然后从变速杆总成上断开换挡拉线。小心地将两根拉线和换挡拉线托架一起拆下以避免弯曲拉线。如图 1-25 所示。
⑬ 断开车速传感器（VSS）插接器。
⑭ 如图 1-26 所示，用吊钩将发动机支撑吊钩安装在车上。用手紧固蝶形螺母，并举升和支撑发动机。

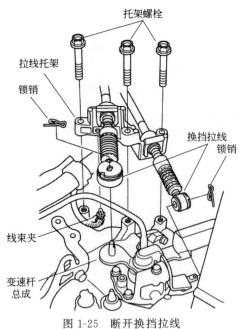

图 1-25 断开换挡拉线

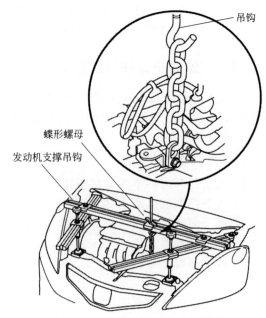

图 1-26 用吊钩支撑发动机总成

⑮ 拆下一个变速器上安装螺栓，如图 1-27 所示。

⑯ 从变速器托架上拆下搭铁电缆、变速器安装螺母和变速器安装螺栓，如图 1-28 所示。

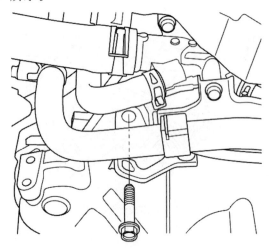

图 1-27 拆下上安装螺栓

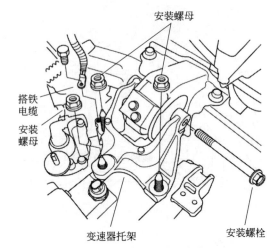

图 1-28 脱开变速器托架

⑰ 用举升机举升车辆，并确保其被牢固支撑。

⑱ 拆下挡泥板。

⑲ 排空变速器油。使用新密封垫圈重新安装放油螺塞。

⑳ 拆下左、右半轴。

㉑ 拆下离合器箱盖，如图 1-29 所示。

㉒ 用变速器千斤顶牢固支撑变速器。

㉓ 拆下扭杆，如图 1-30 所示。

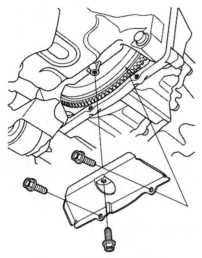

图 1-29 拆下离合器箱盖

图 1-30 拆下扭杆

㉔ 拆下扭杆托架。

㉕ 拆下变速器下安装螺栓,如图 1-31 所示。

㉖ 将变速器从发动机上拉下直到变速器输入轴脱离离合器压片。

㉗ 使用发动机和变速器举升装置放置变速器总成,然后缓慢降下变速器。再次检查并确认所有软管和电气线束断开且未接触到变速器,然后将其降低到最低位置。拆下两个定位销。

2. 变速器总成的安装

① 如图 1-32 所示,确保将两个定位销安装在发动机气缸体指定的孔中。

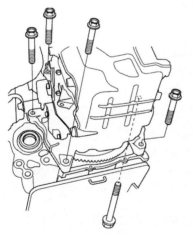

图 1-31 拆下下安装螺栓

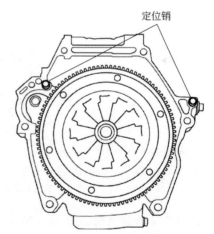

图 1-32 安装定位销

② 检查分离轴承,并重新安装涂有适量润滑脂的分离轴承和分离拨叉。

③ 将变速器放置在变速器千斤顶上,并将其提升到与发动机平齐位置。

④ 安装变速器下安装螺栓。

⑤ 安装离合器箱盖。

⑥ 其他步骤按与拆卸相反的顺序进行,在安装挡泥板之前重新加注变速器油至正确油位。

⑦ 检查车轮定位，如有必要，进行调整。
⑧ 对车辆进行行驶测试。

第三节 换挡操纵机构

一、概述

换挡操纵机构是变速器变换挡位的控制机构，变速器通过变换不同的挡位来提高或降低车速。如图 1-33 所示，拉索式换挡操纵机构包括了换挡操纵机构总成、一根选挡拉索和一根换挡拉索，以及其与换挡座和拉索支座的连接件，这两个拉索起到连接选挡杆和变速器的作用。通过换向杆和换挡杆，拉索将选挡杆的选挡和换挡运动传输给换挡座。拉索换挡机构还可以避免传动系的振动被导入乘员舱。

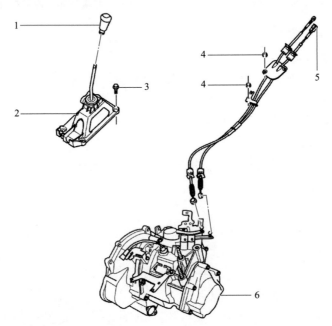

图 1-33 拉索换挡操纵机构
1—换挡操纵球头；2—换挡操纵机构总成；3—固定螺栓；4—选换挡拉索支架固定螺母；
5—选换挡拉索总成；6—变速器总成

换挡拨叉与拨叉轴的结构如图 1-34 所示。拨叉轴的末端支撑在离合器和变速器壳体内。拨叉轴上安装有沿轴向来回运动的换挡拨叉。选中接合套并推动接合套移动时，接合套卡入相应的换挡齿轮，进而完成挡位切换操作。

二、换挡操纵球头的拆装

① 将换挡杆护套 2 向下移动，脱开换挡操纵球头 1 与换挡杆护套 2 的连接，如图 1-35 所示。

② 向上拔出换挡操纵球头 1，如图 1-36 所示。有的车型是拧出换挡操纵球头。

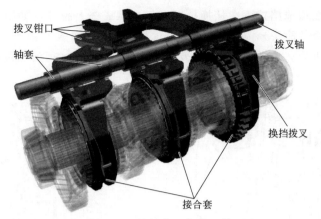

图 1-34　换挡拨叉与拨叉轴

图 1-35　脱开换挡杆护套

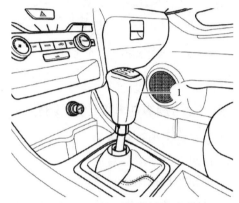

图 1-36　取下换挡操纵球头

③ 安装以相反顺序进行。

三、换挡操纵机构的拆装

① 拆卸副仪表板总成。
② 拆下锁销 1，断开换挡拉索 2 与换挡杆 3 的连接，如图 1-37 所示。
③ 在图 1-38 所示箭头处断开选挡拉索 1 与换挡操纵机构总成 2 的连接。

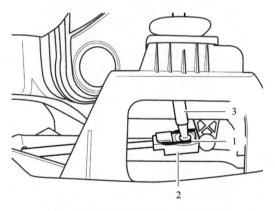

图 1-37　断开换挡拉索与换挡杆

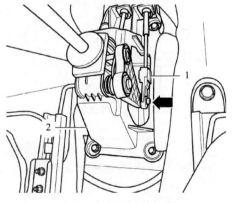

图 1-38　断开选挡拉索

④ 将换挡拉索 2 和选挡拉索 1 从换挡操纵机构总成 3 上脱开，如图 1-39 所示。

⑤ 旋出固定螺栓（箭头），取下换挡操纵机构总成 1，如图 1-40 所示。

⑥ 安装以倒序进行，在安装副仪表板总成前，注意检查换挡操纵机构总成工作是否正常。

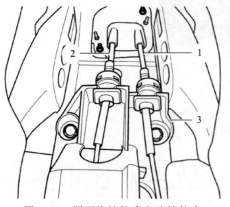

图 1-39　脱开换挡拉索和选挡拉索

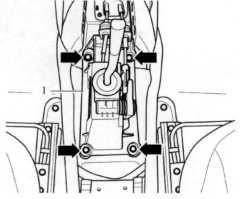

图 1-40　取下换挡操纵机构总成

四、换挡操纵机构的检查调整

① 断开蓄电池负极电缆。

② 拆卸空气滤清器总成。

③ 拆卸换挡操纵机构总成。

④ 沿箭头 A、箭头 B 方向从变速器换挡转臂总成上撬下选挡拉索和换挡拉索，如图 1-41 所示。

⑤ 从拉索支架中分别沿箭头 A 和箭头 B 方向撬出选挡拉索和换挡拉索，如图 1-42 所示。

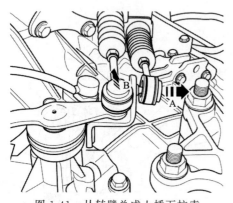

图 1-41　从转臂总成上撬下拉索

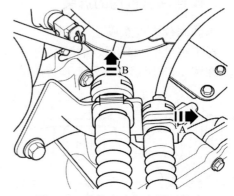

图 1-42　从拉索支架中撬下拉索

⑥ 旋出螺母（箭头），取下前隔热罩 1，如图 1-43 所示。

注意：待排气系统冷却至常温后才能拆卸，避免高温烫伤。

⑦ 旋出螺母，将后隔热罩向后移至可旋出选换挡拉索支架固定螺母位置即可。

⑧ 旋出固定螺母（箭头），脱开选换挡拉索支架 1 与车身连接，如图 1-44 所示。

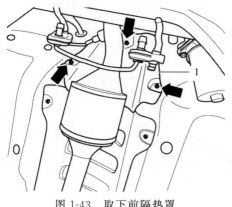 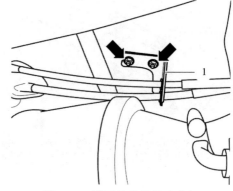

图 1-43　取下前隔热罩　　　　　　　图 1-44　脱开选换挡拉索支架

⑨ 旋出固定螺母（箭头），将选换挡拉索总成 1 输送到车厢内并将其取出，如图 1-45 所示。

⑩ 检查选换挡拉索总成是否有卡滞、裂痕、折痕等，必要时更换。

⑪ 安装以倒序进行，同时注意下列事项：
- 安装螺母（箭头）前，检查密封胶堵 1 是否安装正确，如图 1-46 所示。
- 安装完成后检查换挡机构工作是否正常。

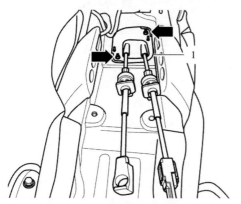 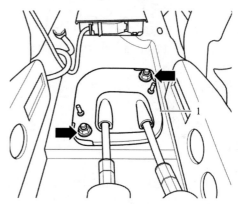

图 1-45　取出选换挡拉索总成　　　　图 1-46　检查密封胶堵

第四节　变速器总成的检修

一、变速器总成的分解

北汽 F15 手动变速器总成的分解方法如下：
① 旋出倒车灯开关 1，如图 1-47 所示。
② 旋出固定螺栓（箭头），取下线束支架 2。
③ 旋出固定螺栓（箭头 A、箭头 B），取下线束支架，如图 1-48 所示。
④ 旋出固定螺栓，取下换挡拉索支架，如图 1-49 所示。

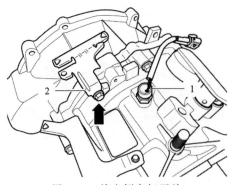
图1-47 旋出倒车灯开关

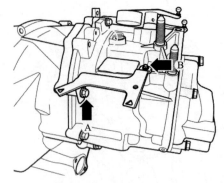
图1-48 取下线束支架

⑤ 旋出固定螺栓，取下变速器后盖，如图1-50所示。

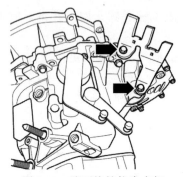
图1-49 取下换挡拉索支架

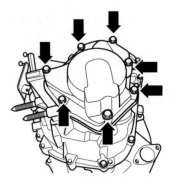
图1-50 取下变速器后盖

提示：
- 后盖密封垫不可重复使用，必须更换新的后盖密封垫。
- 安装时，清洁变速器壳体与后盖组件结合合面的污物，在配合面上均匀涂抹密封胶，用螺栓固定。

⑥ 使用冲头和锤子敲出弹性销1，如图1-51所示。
⑦ 向上同时取下五挡同步器齿套2和五挡拨叉总成3。

提示：
- 安装时，五挡同步器齿套2带有凸台侧向下。
- 只有在五挡同步器齿套2上的长花键正对着五挡同步器齿毂的凹槽时，才可以将五挡同步器齿套2压入五挡同步器齿毂。

⑧ 使用卡簧钳拆下五挡同步器齿毂挡圈1，如图1-52所示。

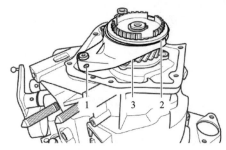
图1-51 敲出弹性销

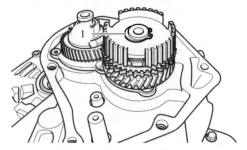
图1-52 拆下五挡同步器齿毂挡圈

⑨ 如图1-53所示,使用塞尺测量五挡同步环1与五挡主动齿轮2的间隙(标准间隙:0.8～1.1mm),然后取下五挡同步环。如果低于磨损极限(0.5mm),更换五挡同步环、弹簧片和五挡主动齿轮。

⑩ 使用拉拔器钩住五挡主动齿轮1,将五挡主动齿轮和同步器组件向上拉动,使五挡同步器齿毂2从输入轴上脱开,并将其取下,如图1-54所示。

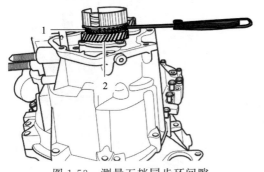
图1-53 测量五挡同步环间隙

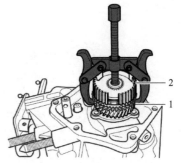
图1-54 取下五挡同步器齿毂

⑪ 取下弹簧片1、五挡同步器弹簧2、五挡同步环3、五挡主动齿轮4,如图1-55所示。

⑫ 取下五挡滚针轴承1,如图1-56所示。

提示:检查五挡滚针轴承,必要时更换。

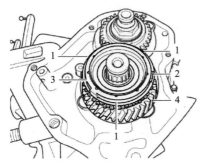
图1-55 取下五挡主动齿轮

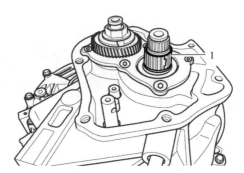
图1-56 取下五挡滚针轴承

⑬ 使用工具撬起锁紧螺母1的防松缺口(箭头B),如图1-57所示。

⑭ 拧下输入轴后轴承盖2的固定螺栓(箭头A)。

⑮ 将变速器置入除五挡及空挡以外的任一挡位。

⑯ 使用输出轴五挡从动齿轮固定工具固定输入轴1,如图1-58所示。

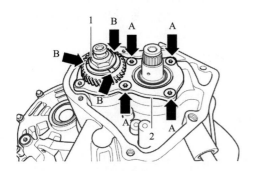
图1-57 撬起锁紧螺母防松缺口

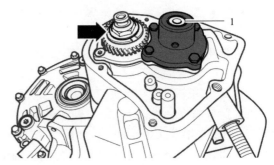
图1-58 固定输入轴

⑰ 旋出锁紧螺母（箭头）。
⑱ 将变速器置入空挡。
⑲ 旋出输入轴后轴承盖1固定螺栓，如图1-59箭头所示。
⑳ 将拉拔器安装至输入轴后轴承盖2上，拆下输出轴五挡从动齿轮1与输入轴后轴承盖2，如图1-60所示。

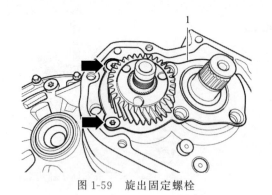

图1-59　旋出固定螺栓　　　　图1-60　拆下输出轴五挡从动齿轮

㉑ 使用卡簧钳拆下轴承止动环1，如图1-61所示。
㉒ 旋出倒挡轴支架固定螺栓，如图1-62所示。

提示： 安装时，螺栓涂抹螺纹胶。

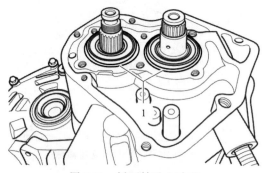 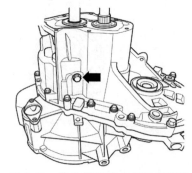

图1-61　拆下轴承止动环　　　　图1-62　旋出倒挡轴支架固定螺栓

㉓ 旋出连接螺栓，脱开变速器壳体与离合器壳体的连接。

提示：

- 安装时，各螺栓需涂抹螺纹胶。
- 安装时，清除变速器壳体与离合器壳体结合面的污物，在配合面上均匀涂抹密封胶，用螺栓固定。

㉔ 旋出固定螺栓（箭头A、箭头B），取下倒挡摇臂总成1与支架定位套，如图1-63所示。
㉕ 旋出固定螺栓（箭头），略微抬起输入轴组件1、输出轴组件2，如图1-64所示。
㉖ 脱开输入轴组件1、输出轴组件2与换挡轴支架及叉轴组件3的连接，取出支架定位套与换挡轴支架及叉轴组件3，如图1-65所示。
㉗ 将输出轴组件、输入轴组件与倒挡轴组件整体取出。
㉘ 取出差速器总成1，如图1-66所示。

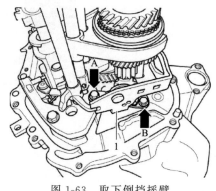

图 1-63 取下倒挡摇臂

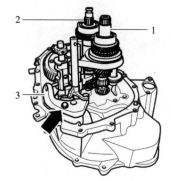

图 1-64 抬起输入轴、输出轴组件

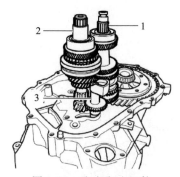

图 1-65 取出变速组件

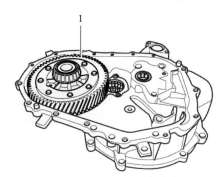

图 1-66 取出差速器总成

二、变速器总成的组装

组装以相反的顺序进行，同时注意下列事项：

① 组装前，使用汽油清洗所有零部件。汽油易燃，清洗时注意安全。

② 清洗完成后，使用压缩空气吹净各油道内残留的汽油，待所有残留汽油蒸发彻底后再进行组装。

③ 重新安装前，用手动变速器油浸泡所有零件。

④ 安装输入轴后轴承盖 1，使用输入轴三四挡同步器齿毂安装工具将五挡从动齿轮 2 压至极限位置，如图 1-67 所示。

⑤ 旋紧输入轴后轴承盖 2 固定螺栓（箭头 A），如图 1-68 所示。

⑥ 使用工具将锁紧螺母 1 的防松缺口（箭头 B）锁紧。

⑦ 使用输入轴三四挡同步器齿毂安装工具将五挡同步器齿毂 1 压至极限位置，如图 1-69 所示。

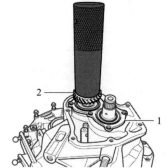

图 1-67 压入五挡从动齿轮

提示：压装时注意五挡同步器齿毂 1 与五挡同步环 2 对齐，不要损坏部件。

三、输入轴

北汽 F15 手动变速器的输入轴组件如图 1-70 所示。

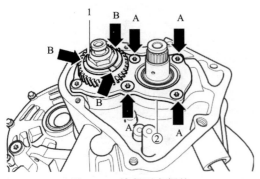

图 1-68　旋紧固定螺栓

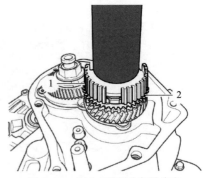

图 1-69　压入五挡同步器齿毂

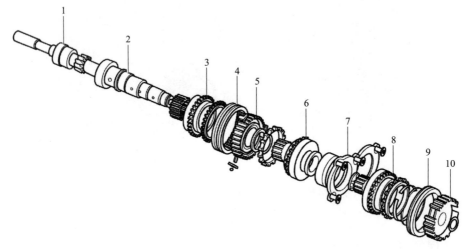

图 1-70　输入轴组件

1—输入轴滚柱轴承；2—输入轴；3—三挡主动齿轮；4—三四挡同步器齿套；5—三四挡同步器齿毂；
6—四挡主动齿轮；7—输入轴后轴承盖；8—五挡主动齿轮；9—五挡同步器齿套；10—五挡同步器齿毂

1. 输入轴组件的分解

① 使用卡簧钳拆下输入轴后轴承卡环 1，如图 1-71 所示。

② 使用拉拔器拆下输入轴后轴承 1，如图 1-72 所示。

③ 取下垫片 1，如图 1-73 所示。

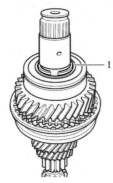 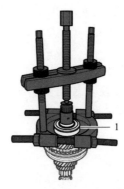 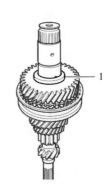

图 1-71　拆下输入轴后轴承卡环　　图 1-72　拆下输入轴后轴承　　图 1-73　取下垫片

④ 取下输入轴钢珠1、四挡主动齿轮合件2，如图1-74所示。
⑤ 取下四挡滚针轴承，如图1-75所示。
⑥ 取下四挡同步环1、三四挡同步器齿套2、钢球3、三四挡同步器滑块4、三四挡同步器弹簧5，如图1-76所示。

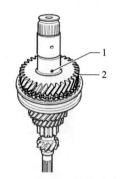
图1-74　取下四挡主动齿轮

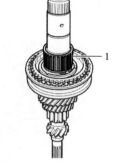
图1-75　取下四挡滚针轴承

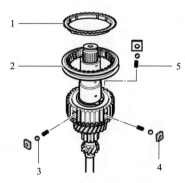
图1-76　取下三四挡同步器

提示：

- 钢球3、三四挡同步器滑块4、三四挡同步器弹簧5易弹出，拆卸时需注意。
- 安装时，三四挡同步器齿套2带有凸台侧对应输入轴后轴承。
- 安装三四挡同步器齿套2时，注意将齿套上带有凹槽的齿与同步器滑块4对齐。

⑦ 使用卡簧钳拆下三四挡同步器齿毂挡圈1，取下挡圈2，如图1-77所示。
⑧ 测量三挡同步环1与三挡主动齿轮2的间隙（标准间隙：0.8～1.1mm），如图1-78所示。如果低于磨损极限（0.5mm），则更换三挡同步环、弹簧片和三挡主动齿轮。

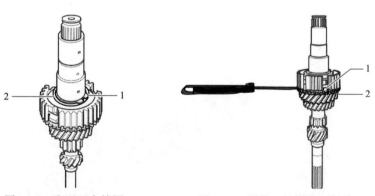
图1-77　取下两个挡圈　　　　图1-78　测量三挡同步环间隙

⑨ 将拉拔器卡入三挡主动齿轮合件2，使用拉拔器拆下三四挡同步器齿毂1，如图1-79所示。
⑩ 取下三挡同步环1、三挡主动齿轮合件2，如图1-80所示。
⑪ 取下三挡滚针轴承。

2. 输入轴组件的组装

组装以相反的顺序进行，同时注意下列事项：
① 组装前，彻底清洁所有零部件。
② 使用压缩空气吹输入轴油孔，清除油道内的油污及残留的清洗剂。

③ 使用压力机和输入轴三四挡同步器齿毂安装工具将三四挡同步器齿毂 1 压装至极限位置，如图 1-81 所示。

提示：压装时，将三四挡同步器齿毂与三挡同步环对齐。

④ 使用压力机和输入轴、输出轴后端轴承安装工具将输入轴后轴承 1 压装至极限位置，如图 1-82 所示。

提示：安装时，输入轴后轴承带有凹槽侧向上。

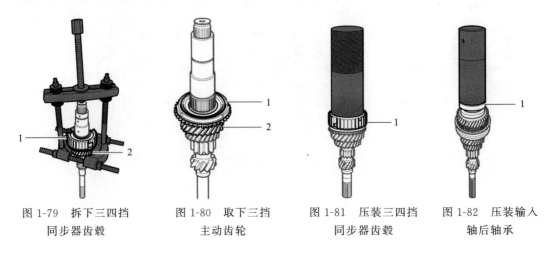

图 1-79　拆下三四挡　　图 1-80　取下三挡　　图 1-81　压装三四挡　　图 1-82　压装输入
　　同步器齿毂　　　　　　主动齿轮　　　　　　同步器齿毂　　　　　　轴后轴承

四、输出轴

北汽 F15 手动变速器的输出轴组件如图 1-83 所示。

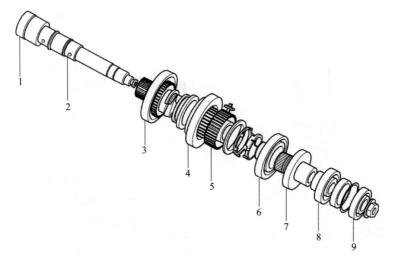

图 1-83　输出轴组件

1—输出轴滚柱轴承；2—输出轴；3——挡从动齿轮；4——二挡同步器齿套；5——二挡同步器齿毂；
6—二挡从动齿轮；7—三挡从动齿轮；8—四挡从动齿轮；9—五挡从动齿轮

1. 输出轴组件的分解

① 使用拉拔器拆下输入轴后轴承 1，如图 1-84 所示。

② 将输入轴齿轮拆卸工具卡入四挡从动齿轮 1，如图 1-85 所示。

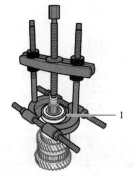

图 1-84　拆下输入轴后轴承

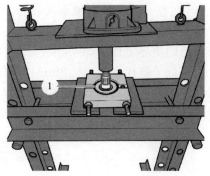

图 1-85　卡入四挡从动齿轮

③ 使用压力机将四挡从动齿轮压出。
④ 将输入轴三四挡同步器齿毂拆卸工具卡入二挡从动齿轮合件 2，如图 1-86 所示。
⑤ 使用压力机将三挡从动齿轮 1 压出。
⑥ 取下二挡从动齿轮 1 和二挡滚针轴承 2，如图 1-87 所示。

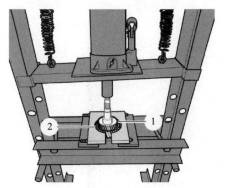

图 1-86　卡入二挡从动齿轮

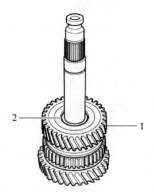

图 1-87　取下二挡从动齿轮

⑦ 取下一二挡同步内环 1、一二挡同步中环 2、一二挡同步外环 3，如图 1-88 所示。
⑧ 取下一二挡同步器齿套 1、钢球 2、一二挡同步器滑块 3、一二挡同步器弹簧 4，如图 1-89 所示。

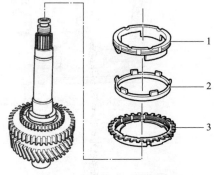

图 1-88　取下一二挡同步环

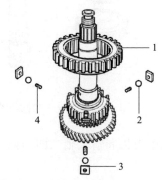

图 1-89　取下一二挡同步器齿套

提示：
- 钢球、一二挡同步器滑块、一二挡同步器弹簧易弹出，拆卸时需注意。

- 安装时，一二挡同步器齿套带有凸台侧对应输入轴后轴承。
- 安装一二挡同步器齿套时，将同步器齿套上带有凹槽的齿与同步器滑块对齐。

⑨ 测量一二挡同步环组件1与一挡从动齿轮2的间隙（标准间隙：1.4～1.5mm），如图1-90所示。如果低于磨损极限（0.8mm），更换一二挡同步环组件与一挡从动齿轮。

⑩ 将中间轴一二挡同步器齿毂拆卸工具卡入输出轴1，如图1-91所示。

⑪ 使用压力机将一二挡同步器齿毂2压出。

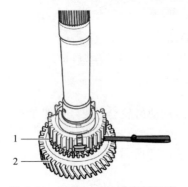 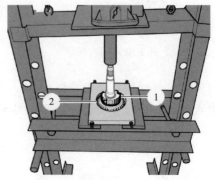

图1-90　测量一二挡同步环间隙　　　图1-91　压出一二挡同步器齿毂

⑫ 从输出轴1上顺序取下三挡滚针轴承2、一挡从动齿轮合件3、一二挡同步外环4、一二挡同步中环5、一二挡同步内环6，如图1-92所示。

2. 输出轴组件的组装

组装以相反的顺序进行，同时注意下列事项：

① 组装前，彻底清洁所有零部件。

② 使用压缩空气吹输出轴油孔，清除油道内的油污及残留的清洗剂。

③ 将输出轴放在输出轴压装支座2上，如图1-93所示。

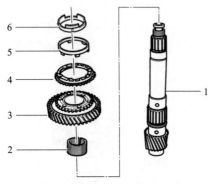 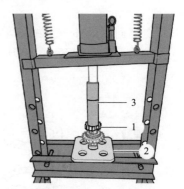

图1-92　取下一二挡同步器　　　图1-93　压装一二挡同步器齿毂

④ 使用压力机和输入轴三四挡同步器齿毂安装工具3将一二挡同步器齿毂1压装至极限位置。

提示：压装时，将一二挡同步器齿毂1与一二挡同步外环对齐。

⑤ 将输出轴放在输出轴压装支座2上，如图1-94所示。

⑥ 使用压力机和输入轴三四挡同步器齿毂安装工具3将三挡从动齿轮1压装至极限位置。

⑦ 将输出轴放在输出轴压装支座2上，如图1-95所示。

⑧ 使用压力机和输入轴三四挡同步器齿毂安装工具 3 将四挡从动齿轮 1 压装至极限位置。

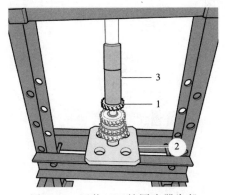
图 1-94　压装三四挡同步器齿毂

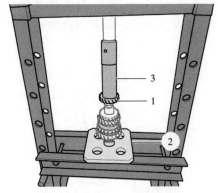
图 1-95　压装四挡从动齿轮

五、选换挡机构

北汽 F15 手动变速器的选换挡机构如图 1-96 所示。

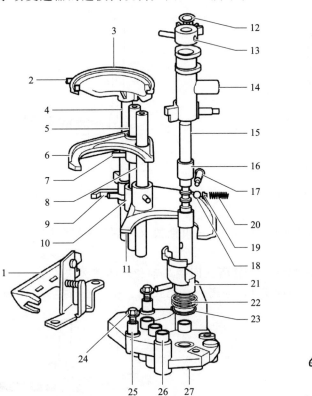

图 1-96　选换挡机构

1—倒挡摇臂总成；2,7—弹性销；3—五挡拨叉；4—五挡叉轴；5—三四挡叉轴；6—三四挡拨叉；8——二挡叉轴；9—五挡拨块；10—三四挡拨块；11——二挡拨叉；12—波形垫；13—扇形齿轮；14—换挡套筒；15—换挡轴；16—直线轴承；17—导向套；18—自锁钢球；19—隔垫；20—自锁弹簧；21—互锁块；22—扭力弹簧；23—轴用弹性挡圈；24—六角法兰面螺栓；25—支架定位套；26—衬套；27—支架；28—内六花盘头螺栓；29—倒挡锁止机构总成

1. 选换挡机构的分解

① 拆下选换挡轴组件 1 和各挡叉轴组件 2,如图 1-97 所示。
② 旋出固定螺栓,取下倒挡锁止机构总成 1,如图 1-98 所示。

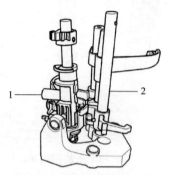

图 1-97　拆下选换挡轴组件

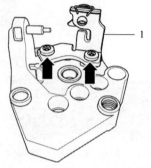

图 1-98　取下倒挡锁止机构

③ 使用拨叉轴衬套拆装工具 3 压出拨叉轴衬套 1 和选换挡轴衬套 2,如图 1-99 所示。
④ 使用锤子和冲头敲出弹性销 1,分离五挡叉轴 2 和五挡拨块 3,如图 1-100 所示。

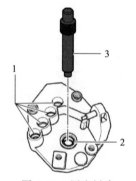

图 1-99　压出衬套

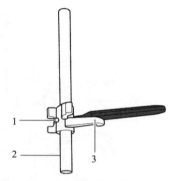

图 1-100　取下五挡拨块

⑤ 使用锤子和冲头敲出弹性销 2,将三四挡拨叉 1 从三四挡叉轴组件 3 上取下,如图 1-101 所示。
⑥ 使用锤子和冲头敲出弹性销,分离三四挡叉轴和三四挡拨块 4。
⑦ 使用锤子和冲头敲出弹性销 1,分离一二挡叉轴 2 和一二挡拨叉 3,如图 1-102 所示。

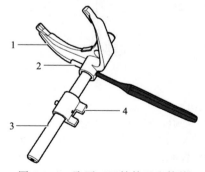

图 1-101　取下三四挡拨叉和拨块

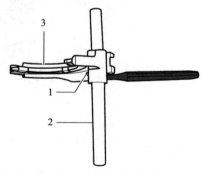

图 1-102　取下一二挡拨叉

2. 选换挡机构的组装

① 组装一二挡拨叉 2 和一二挡叉轴 1，并使用新的弹性销 3 将其固定，如图 1-103 所示。

注意：安装时确保弹性销与一二挡拨叉的外侧（箭头处）平齐。

② 组装三四挡拨块 1 和三四挡叉轴 2，并使用新的弹性销 3 将其固定，如图 1-104 所示。

注意：安装时确保弹性销与三四挡拨块带凹槽的一侧（箭头处）平齐。

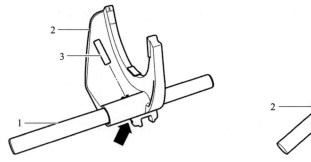
图 1-103 组装一二挡拨叉

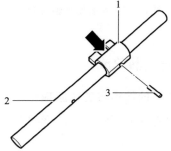
图 1-104 组装三四挡拨块

③ 按图 1-105 所示的角度及方向组装三四挡拨叉 2 和三四挡叉轴组件 1，并使用新的弹性销 3 将其固定。

④ 组装五挡拨块 1 和五挡叉轴 2，并使用新的弹性销 3 将其固定，如图 1-106 所示。

注意：安装好后，确保弹性销与五挡拨块带凹槽的一侧平齐。

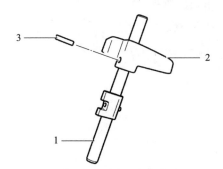
图 1-105 组装三四挡拨叉

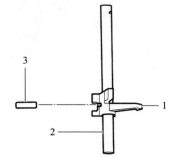
图 1-106 组装五挡拨块

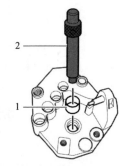
图 1-107 安装选换挡轴衬套

⑤ 使用拨叉轴衬套拆装工具 2 安装选换挡轴衬套 1，如图 1-107 所示。

提示：选换挡轴衬套的端面安装深度为 2mm。

⑥ 使用拨叉轴衬套拆装工具 2 安装拨叉轴衬套 1，如图 1-108 所示。

提示：各叉轴衬套的端面安装深度为 5mm。

⑦ 安装一二挡叉轴组件 1、三四挡叉轴组件 2、选换挡轴 3、五挡叉轴组件 4，如图 1-109 所示。

注意：

- 使回位弹簧卡到凸起（箭头）上。
- 安装时将各换挡拨块卡到互锁支架 5 上，必要时可旋转选换挡轴。

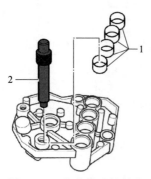
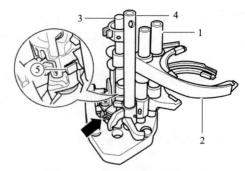

图 1-108　安装拨叉轴衬套　　　　图 1-109　安装选换挡机构总成

六、差速器总成

1. 差速器的结构与工作原理

对于前置前驱车辆，手动变速器包括一个差速器（主减速器），其结构如图 1-110 所示。

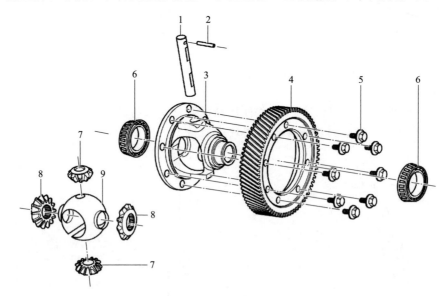

图 1-110　差速器的结构

1—行星齿轮轴；2—销；3—差速器壳；4—主减速器从动齿轮；5—主减速器从动齿轮固定螺栓；
6—锥轴承；7—行星齿轮；8—半轴齿轮；9—差速器球形衬垫

汽车转弯时，由于外侧车轮行驶距离较长，内侧车轮行驶距离较短，外侧车轮转速比内侧车轮快，造成两边车轮的转速不同。差速器内部的行星齿轮传动装置，使汽车在转弯时，车轮相差的转速通过半轴传递到半轴齿轮上，迫使行星齿轮产生自转，内侧驱动轮与外侧驱动轮以不同转速转动，平衡两侧车轮转速的差异，使汽车平稳转弯。

主减速器是汽车传动系中减小转速、增大转矩的主要部件。

2. 差速器的分解与组装

① 旋出主减速器从动齿轮固定螺栓，取下主减速器从动齿轮 1，如图 1-111 所示。

提示：

- 安装时，主减速器从动齿轮槽深的一面朝向安装面。

- 安装时，螺栓涂抹防松胶，且对角拧紧。

② 将差速器放在差速器轴承拆装支座 3 上，如图 1-112 所示。

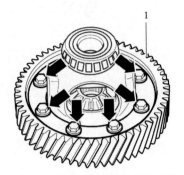

图 1-111　取下主减速器从动齿轮

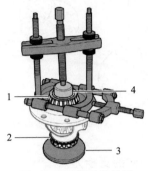

图 1-112　拆下锥轴承

③ 将差速器轴承拆装垫块 4 套在差速器上。

④ 使用拉拔器拆下锥轴承 1。

提示：
- 使用同样的方法拆下锥轴承 2。
- 安装时，更换锥轴承以及与其配合的轴承外圈。

⑤ 取出半轴齿轮 1，如图 1-113 所示。

提示：有的差速器需先拆下行星齿轮才能取出半轴齿轮。

⑥ 使用工具拆下定位销 1，如图 1-114 所示。

⑦ 抽出行星齿轮轴 2。

⑧ 取出行星齿轮 3 和差速器球形衬垫 4。

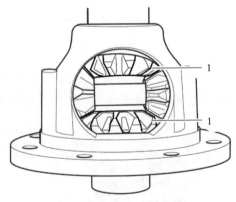

图 1-113　取出半轴齿轮

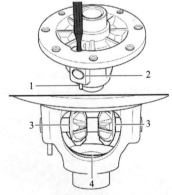

图 1-114　取出行星齿轮

⑨ 组装以倒序进行，同时注意下列事项：

- 安装差速器球形衬垫 1 时，注意差速器球形衬垫开口（箭头）与差速器壳 2 的相对角度，如图 1-115 所示。
- 将差速器放在差速器轴承拆装支座 2 上，如图 1-116 所示。
- 使用差速器轴承安装工具 3 将锥轴承 1 压装至极限位置。
- 使用同样的方法安装另一侧锥轴承。

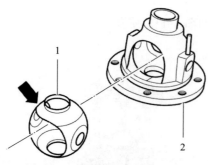

图 1-115 安装差速器球形衬垫

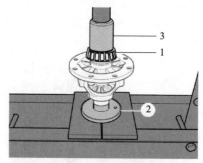

图 1-116 安装锥轴承

3. 差速器油封的更换方法

① 拆卸左侧驱动轴总成。
② 拆卸右侧驱动轴总成。
③ 使用螺丝刀撬出左侧差速器油封 1，如图 1-117 所示。
④ 使用螺丝刀撬出右侧差速器油封 1，如图 1-118 所示。

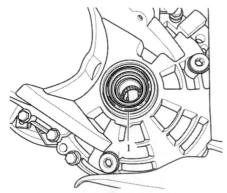

图 1-117 撬出左侧差速器油封

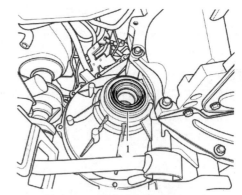

图 1-118 撬出右侧差速器油封

⑤ 使用差速器油封安装工具将左侧差速器油封 1 压装至极限位置，如图 1-119 所示。
⑥ 使用差速器油封安装工具将右侧差速器油封 1 压装至极限位置，如图 1-120 所示。

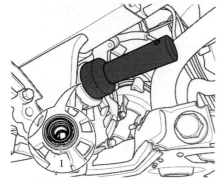

图 1-119 压装左侧差速器油封

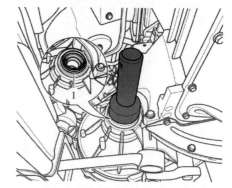

图 1-120 压装右侧差速器油封

⑦ 安装完成后进行路试，检查差速器油封是否有漏油现象。

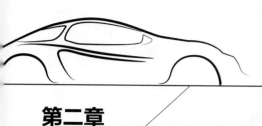

第二章 自动变速器

第一节 自动变速器总成

一、概述

我们常说的自动变速器通常是指液力行星齿轮式自动变速器。如图 2-1 所示，它由液力变矩器、变速机构、供油系统、ATF 油冷却系统、自动换挡控制系统和换挡操纵机构六大部分组成。其组成部件有：液力变矩器、行星齿轮机构、离合器、制动器、油泵、滤清器、控制阀体、ATF 油冷却器等。

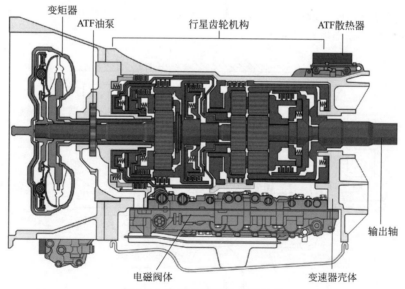

图 2-1　自动变速器总成的结构

自动变速器的换挡操纵机构如图 2-2 所示。换挡拉索连接换挡杆和变速器上的操纵杆。一个 C 形夹将外侧拉索固定在换挡杆总成上；变速器端外侧拉索由一个一体夹固定在变速器上的操纵杆上。内侧拉索与变速器操纵杆的连接处可调节。

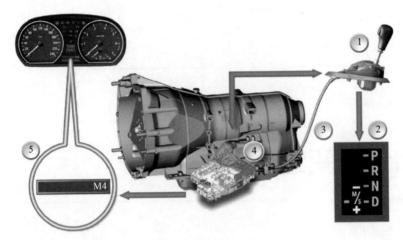

图 2-2 换挡操纵机构
1—换挡手柄；2—换挡杆位置指示灯；3—换挡拉索
4—带有液压阀体和控制单元的自动变速器；5—组合仪表（显示挡位）

自动变速器控制单元（TCM）利用车辆速度与节气门位置之间的关系，进行换挡时序调整。根据这些输入，TCM 使用位于阀体内的电磁阀控制换挡。

液压控制阀阀体通过切换油泵形成的液压油路来提供变速器油。根据 TCM 的控制信号，电磁阀被激活以控制离合器和制动器的液压，并执行换挡和锁止功能。此外，还为液力变矩器、行星齿轮和润滑零部件提供适量变速器油。

各齿轮速比是通过变速器壳体内的行星齿轮组获得的。丰田 U760E 自动变速器的行星齿轮机构如图 2-3 所示。通过使用 2 个行星齿轮机构实现了 6 速结构，从而形成了 6 速自动变速器。低速挡行星齿轮机构作为前齿轮机构使用，Ravigneaux（拉维娜式）行星齿轮机构作为后齿轮机构使用。Ravigneaux 行星齿轮机构由单个行星齿轮内的成对太阳齿轮（前和后）和直径不同的行星小齿轮（长和短）组成。

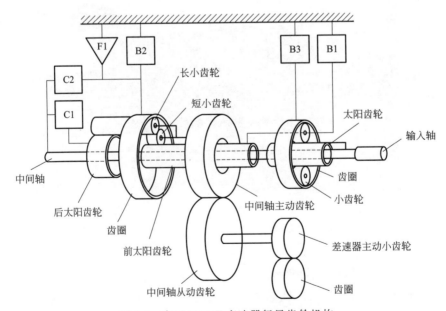

图 2-3 丰田 U760E 变速器行星齿轮机构

丰田 U760E 自动变速器内部离合器和制动器的部件功能如表 2-1 所示。行星齿轮组内的单个部件由 2 个多片离合器（C1、C2）、3 个制动器（B1、B2、B3）和 1 个单向离合器（F1）驱动或锁止。离合器和制动带控制行星齿轮组元件啮合及其旋转方向，从而产生 6 个前进挡齿轮速比和一个倒挡齿轮速比。传动系的动力输出将通过主减速器传送到差速器。

表 2-1　离合器、制动器部件功能

部件	功能
前进挡离合器（C1）	连接中间轴和 Ravigneaux 行星后太阳齿轮
直接挡离合器（C2）	连接中间轴和 Ravigneaux 行星齿圈
1 号制动器（B1）	防止 Ravigneaux 行星前太阳齿轮和低速挡行星齿轮架顺时针或逆时针转动
2 号制动器（B2）	防止 Ravigneaux 行星齿圈顺时针或逆时针转动
3 号制动器（B3）	防止低速挡行星齿圈顺时针或逆时针转动
1 号单向离合器	防止 Ravigneaux 行星齿圈逆时针转动

二、自动变速器油液（ATF）的检查

1. 检查 ATF 的油量

注意：ATF 液面必须在热机状态下进行检查，即 ATF 油温处于 70～80℃左右。

① 将车辆停在水平地面上。

② 在发动机怠速状态下，完全踩下制动踏板，转换挡位，保证在每个挡位停留约 3s，最终回到 P 挡位。

③ 抽出变速器油尺，并擦净其表面，在暖机状态下检查自动变速器油液面的高度。

④ 如果液面低于"HOT"刻度范围下限（图 2-4），检查自动变速器油是否泄漏并加注自动变速器油。

⑤ 如果液面超过"HOT"刻度范围上限，则说明自动变速器油加注过量，需要通过油底壳放油螺塞放出部分油液，然后再检查自动变速器油液面。

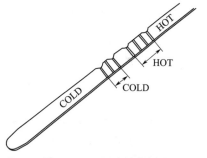

图 2-4　ATF 油量范围

2. 检查 ATF 的状态

当自动变速器内部发生故障时，ATF 的状态会改变，因此可从 ATF 的状态来判断自动变速器内部是否发生故障。

良好的 ATF 其颜色应该是红色或深棕色，且黏度适中。检查时观察 ATF 有无混合微小的金属或粉末，是否闻到烧焦味，是否变成黑色和有无白色的污染物质。润滑油变为乌黑或黑色并发出刺鼻性烧焦气味，说明润滑油已经被污染或者因过热已经失效。

注意：特别要注意 ATF 中有无白色的污染物质，因为可能混合了水。因此需检查 ATF 冷却器有无损坏或变形。

三、自动变速器油液的更换

自动变速器油液的更换方法如下：

① 举升车辆，拆卸发动机下护板固定螺栓，取下发动机下护板。

② 将合适的接油容器放在自动变速器下面。
③ 如图 2-5 所示，拆卸放油螺塞，将油液全部放出。
④ 使用新衬垫安装放油螺塞，按规定转矩拧紧。
⑤ 移走接油容器，并放下车辆。
⑥ 如图 2-6 所示，取出自动变速器油标尺，将变速器油加注漏斗固定在自动变速器油标尺管上，加注规定容量的自动变速器油。

图 2-5　ATF 放油螺塞

图 2-6　ATF 加注漏斗

⑦ 启动发动机并怠速运转 1～2min。
⑧ 把变速杆挂到每个挡位停留几秒，然后将它挂到"N"或"P"位置。
⑨ 驾驶车辆直到变速器油温上升到正常工作温度（70～80℃）为止，然后再次检查油位。油位必须在 HOT 标记处。

四、失速转速测试

失速试验的目的是检查发动机输出功率、变矩器及自动变速器中离合器和制动器等换挡执行元件的工作是否正常。

在前进挡或倒挡中踩住制动踏板并完全踩下油门踏板时，发动机处于最大转矩工况，而此时自动变速器的输出轴及输入轴均静止不动，变矩器的涡轮也因此静止不动，只有变矩器壳及泵轮随发动机一同转动，这种工况称为失速工况，此时的发动机转速称为失速转速。大部分自动变速器的失速转速标准为 2600r/min 左右。

① 将垫木放在 4 个轮子前后，踩下制动踏板使车辆完全固定，如图 2-7 所示。

图 2-7　固定车辆

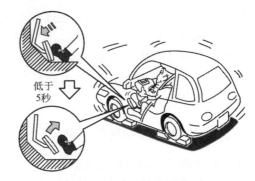
图 2-8　失速转速测试

② 完全踩下制动踏板并拉紧驻车制动器。
③ 启动发动机。
④ 将挡位挂入 D 挡或 R 挡,完全踩下加速踏板(图 2-8),读取此时的最大发动机转速。可将测得的失速转速与表 2-2 对照。

表 2-2　失速转速不正常的原因

失速测试的结果	可能的故障原因
D 挡和 R 挡的失速转速较规定值低	发动机动力变小 液力变矩器的单向离合器故障
只有 D 挡的失速转速较规定值高	管路压力过低 前进离合器打滑 前进挡单向离合器故障
只有 R 挡的失速转速较规定值高	管路压力过低 倒挡离合器打滑 低/倒挡制动器打滑
D 挡和 R 挡的失速转速较规定值高	主油路油压过低 前进挡和倒挡的换挡执行元件打滑 低挡及倒挡制动器打滑

⑤ 将挡位挂入"N 挡",使自动变速器冷却下来。

注意:
- 失速测试时,踩下油门踏板不能超过 5s。
- 每次的失速测试需间隔 1min 以上。

五、自动变速器总成的拆卸

① 断开蓄电池负极电缆。
② 拆卸空滤器总成。
③ 拆卸水箱上盖板总成。
④ 断开换挡拉索与自动变速器的连接,如图 2-9 所示。
- 释放拉索与支架固定的卡扣,断开拉索连接 1。
- 向上提拉,断开拉索与变速器手动控制杆的连接 2。

⑤ 断开变速器挡位开关线束插头 1 和变速器内部线束插头连接 2,如图 2-10 所示。

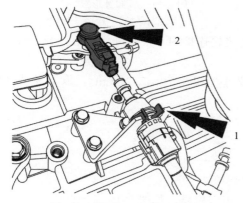

图 2-9　断开换挡拉索的连接

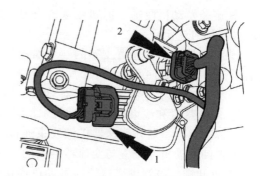

图 2-10　断开挡位开关线束连接

⑥ 拆卸起动机的 2 个固定螺栓，向后移动起动机，如图 2-11 所示。

⑦ 使用发动机吊架悬挂发动机总成，如图 2-12 所示。

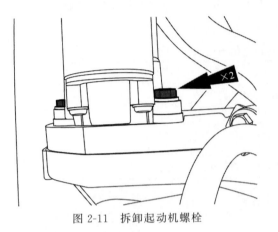

图 2-11　拆卸起动机螺栓　　　　　图 2-12　悬挂发动机总成

⑧ 举升和支撑车辆。

⑨ 拆卸发动机下护板总成。

⑩ 排放变速器油液。

⑪ 拆卸车轮。

⑫ 拆卸左右驱动半轴。

⑬ 释放变速器冷却油管进出管路与散热器的快速接头，断开管路与散热器的连接，如图 2-13 所示。

⑭ 拆卸钟形罩的 4 个固定螺栓，取下钟形罩，如图 2-14 所示。

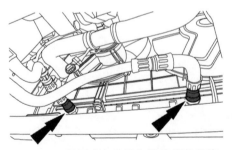 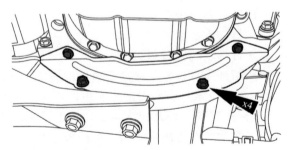

图 2-13　断开冷却油管与散热器的连接　　　　图 2-14　拆卸钟形罩

⑮ 旋转发动机曲轴，拆卸变速器液力变矩器与飞轮连接的 6 个螺母（转矩：48～55N·m），如图 2-15 所示。

⑯ 拆卸发动机后悬置支架的 2 个螺栓和 1 个螺母［转矩:(70±5)N·m］，取下发动机后悬置支架，如图 2-16 所示。

⑰ 使用平板千斤顶支撑变速器总成，如图 2-17 所示。

⑱ 断开悬置和线束连接，如图 2-18 所示。

• 拆卸螺栓，断开变速器搭铁线束连接 1。

• 拆卸发动机左悬置与变速器连接的 4 个固定螺栓 2。

⑲ 拆卸排气歧管侧变速器与发动机连接的 2 个固定螺栓，如图 2-19 所示。

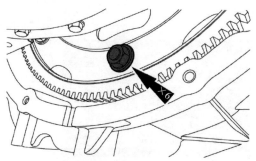

图 2-15 断开变矩器与飞轮的连接

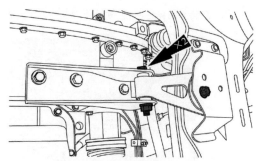

图 2-16 取下发动机后悬置支架

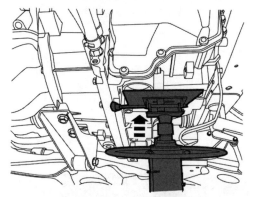

图 2-17 使用千斤顶支撑变速器总成

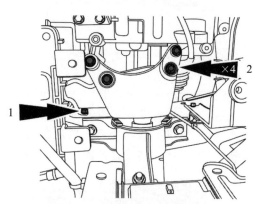

图 2-18 断开悬置和线束连接

⑳ 拆卸变速器上端与发动机连接的 4 个固定螺栓,如图 2-20 所示。

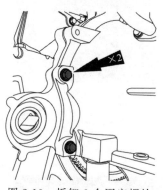

图 2-19 拆卸 2 个固定螺栓

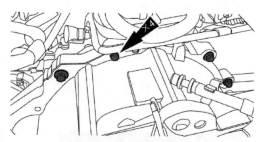

图 2-20 拆卸 4 个固定螺栓

㉑ 向发动机后端拖动变速器总成,降低平板千斤顶,取出变速器总成。
㉒ 如因变速器故障而更换总成,需将新变速器上的半轴堵盖拆下,将旧变速器半轴孔堵住(避免变速器内部污染或油液渗出)。

六、自动变速器总成的分解

F4A42 变速器是电控 4 速自动变速器,它包括 3 个离合器、2 个制动器和 1 个单向离合器,并形成 4 个前进挡、1 个倒挡。F4A42 变速器总成的分解方法如下:
① 先拆下液力变矩器,如图 2-21 所示。

② 安装面分表，测量输入轴轴端间隙，如图 2-22 所示。

图 2-21　拆下液力变矩器

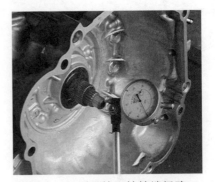

图 2-22　测量输入轴轴端间隙

③ 拆卸左右滚动制动器支架。
④ 拆下 ATF 油尺。
⑤ 拆下油冷却器导流管、垫圈和活节螺栓。
⑥ 拆下输入轴转速传感器和输出轴转速传感器。
⑦ 拆下操纵手柄和变速器挡位开关，如图 2-23 所示。
⑧ 拆下液压阀体盖，如图 2-24 所示。

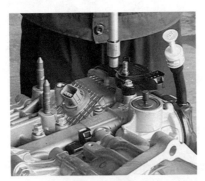

图 2-23　拆下挡位开关

图 2-24　拆下液压阀体盖

⑨ 拆下操纵手柄定位棘爪，如图 2-25 所示。
⑩ 松开阀体上的线束接头，如图 2-26 所示。

图 2-25　拆下定位棘爪

图 2-26　松开电磁阀线束接头

⑪ 拆下 28 个阀体装配螺栓，如图 2-27 所示。

注意：此时不要拆下图 2-28 中箭头所指的螺栓。

图 2-27　拆下阀体装配螺栓

图 2-28　阀体分解螺栓

⑫ 移开阀体、垫片和 2 个钢球，确保 2 个钢球不要丢失，如图 2-29 所示。

⑬ 拆下电磁阀线束卡环，如图 2-30 所示。

图 2-29　取下阀体和钢球

图 2-30　拆下线束卡环

⑭ 拆下电磁阀线束，如图 2-31 所示。

⑮ 拆下变速器滤网，如图 2-32 所示。

图 2-31　拆下电磁阀线束

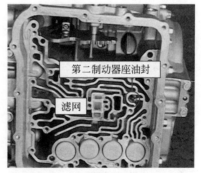

图 2-32　拆下滤网

⑯ 拆下第二制动器座油封，如图 2-33 所示。

注意：在从壳体拆下变速器动力传动元件之前必须先拆下第二制动器固定器油封，否则将会发生损坏油封的情况。

⑰ 拆下 4 个储压器活塞、4 个大弹簧、3 个小弹簧，如图 2-34 所示。

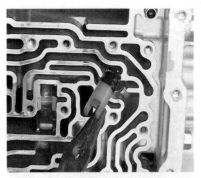
图 2-33　拆下第二制动器座油封

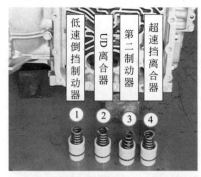
图 2-34　取下储压器

⑱ 拆下操纵手柄轴销。
⑲ 拆下操纵手柄杆，如图 2-35 所示。
⑳ 拆下驻车棘爪杆，如图 2-36 所示。

图 2-35　拆下操纵手柄杆

图 2-36　拆下驻车棘爪杆

㉑ 拆下液力变矩器室和装配螺栓，用一个非金属锤敲击取下变矩器。
㉒ 拆下 2 个 O 形圈，如图 2-37 所示。
㉓ 拆下差速齿轮。
㉔ 拆下 ATF 过滤器，如图 2-38 所示。

图 2-37　拆下 O 形圈

图 2-38　拆下 ATF 过滤器

㉕ 拆下油泵安装螺栓。
㉖ 安装油泵拆卸工具。

㉗ 通过顺时针转动特殊工具拆下油泵，如图 2-39 所示。
㉘ 拆下油泵垫圈。
㉙ 拆下止推垫圈 1，如图 2-40 所示。

图 2-39　拆下油泵

图 2-40　拆下止推垫圈

㉚ 抓紧输入轴，然后将低速传动离合器和输入轴作为一个总成拔出，如图 2-41 所示。
㉛ 拆下止推垫圈 2，如图 2-42 所示。

图 2-41　拔出输入轴及离合器

图 2-42　拆下止推垫圈

㉜ 拆下低速传动离合器毂，如图 2-43 所示。
㉝ 拆下后盖和装配螺栓，如图 2-44 所示。

图 2-43　拆下低速传动离合器毂

图 2-44　拆下变速器后盖

㉞ 拆下止推垫圈。
㉟ 拆下 3 个 O 形圈，如图 2-45 所示。

㊱ 拆下止推轴承。
㊲ 拆下倒挡和超速挡离合器，如图 2-46 所示。

图 2-45 拆下 O 形圈

图 2-46 拆下倒挡和超速挡离合器

㊳ 拆下止推轴承，如图 2-47 所示。
㊴ 拆下超速离合器毂，如图 2-48 所示。

图 2-47 拆下止推轴承

图 2-48 拆下超速离合器毂

㊵ 拆下止推轴承。
㊶ 拆下行星架及倒挡太阳轮，如图 2-49 所示。
㊷ 拆下第二制动器的活塞卡簧，如图 2-50 所示。

图 2-49 拆下行星架及倒挡太阳轮

图 2-50 拆下活塞卡簧

㊸ 拆下第二制动器活塞和回位弹簧。
㊹ 拆下第二制动器压盘、3 个制动盘、2 个制动片。

㊺ 拆下超速挡行星架及输出行星架组件，如图 2-51 所示。

㊻ 拆下低速挡/倒挡反作用盘卡圈。

㊼ 拆下低速挡/倒挡反作用盘和制动圆盘。

㊽ 拆下低速挡/倒挡制动器卡簧。

㊾ 拆下低速挡/倒挡 5 个制动圆盘、4 个制动片和制动压力盘，如图 2-52 所示。

图 2-51 拆下输出行星架组件

图 2-52 拆下低速挡/倒挡制动器部件

㊿ 拆下波纹弹簧。

(51) 拆下驻车棘爪轴。

(52) 拆下停车爪簧，标明弹簧的方向有助于装配。

(53) 拆下 2 个驻车滚动支座轴。

(54) 拆下驻车滚动支撑，如图 2-53 所示。

(55) 拆下驻车棘爪，如图 2-54 所示。

图 2-53 拆下驻车滚动支撑

图 2-54 拆下驻车棘爪

(56) 拆下卡环。

(57) 拆下弹簧座。

(58) 拆下回位弹簧。

(59) 拆下低速挡/倒挡制动活塞，如图 2-55 所示。用压缩空气疏通阀体通道。

(60) 拆下 7 个传动齿轮装配螺栓，如图 2-56 所示。

(61) 取下传动齿轮，如图 2-57 所示。

图 2-55 拆下低速挡/倒挡制动活塞

图 2-56　拆下传动齿轮装配螺栓

图 2-57　取下传动齿轮

第二节　换挡操纵机构

一、概述

换挡操纵机构的作用是将驾驶员的换挡动作以机械的方式传递到空挡启动开关（挡位开关），空挡启动开关将挡位位置的机械运动信号转换成电信号并发送至变速器控制单元。

1. 换挡杆

自动变速器车辆挡位选择使用中控台上的换挡杆进行。如图 2-58 所示，换挡杆为驾驶员提供了 6 个可选的位置 P（驻车）、R（倒挡）、N（空挡）、D（前进）、W（雪地模式）和 S（运动模式）。

换挡杆位置操作如下：

P：驻车挡，锁止变速器，防止车辆滑动。

R：倒挡，只有当车辆静止且发动机处于怠速时选择。

N：空挡，无转矩传递给车轮。

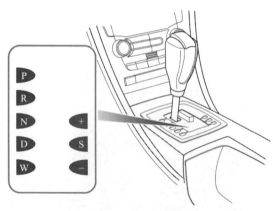
图 2-58　自动变速器换挡杆

D：前进挡，该位置可以使用全部前进挡。换挡手柄处于该位置时，根据车辆速度和油门位置的信号，变速器以最经济的油耗模式自动调节速比。

W：该位置使 TCM 采用雪地模式，用来在光滑路面上起步。

S：运动模式，换挡手柄处于该位置时，自动换挡啮合点推迟，可以充分发挥发动机的动力，从而增强车辆的性能与灵敏度。

＋/－：手动加减挡位。

如果换挡杆从 D 位置移向右侧，Tiptronic 模式与运动模式分离开，系统将自动开始以不同的换挡参数进入运动模式，提供完全手动的换挡控制。随即移动换挡杆，向前（＋）移动换挡杆完成升挡，向后（－）移动换挡杆完成降挡。另外转向盘上的指拨开关对变速器也提供了手动换挡控制。要退出 Tiptronic 模式，将换挡杆返回至 D 位置。

2. 换挡杆总成

如图 2-59 所示，换挡杆总成包括一根操纵杆和一个与底座连接的杆罩。换挡杆底座位于垫圈上，由 4 个螺栓固定到车身中央通道上。杆内插销与底座内凹槽相啮合。

为了防止驾驶员误操作，换挡操纵机构配备了一个位于换挡杆底部由 TCM 控制的换挡杆锁止电磁阀，在启动停止按键打开时，未踩下制动踏板的情况下，不允许换挡杆从 P 挡移出。驾驶员在选择或离开 P 挡或 R 挡时必须按下换挡手柄球头按钮，另外从 D 挡切换到 S 位置不需要按下解锁按钮，只需将换挡杆推至左侧 S 挡位。

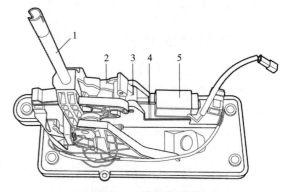

图 2-59 换挡杆总成
1—换挡杆；2—弹簧式互锁钩；3—枢轴；
4—电磁阀推杆；5—换挡互锁电磁阀

3. 换挡拉索

换挡拉索连接换挡杆和空挡启动开关与变速器上的操纵杆。换挡拉索的一端通过一个 C 形夹固定在换挡杆总成上，另一端用一个一体夹固定在变速器上的操纵杆上。顶出换挡拉索调节扣后，可调整换挡拉索的长短。

二、P 挡紧急解锁方法

当蓄电池无电或变速器电脑故障时，车辆将无法辨识制动踏板信号，需要手动解除 P 挡锁，将车辆推到安全的位置。

如图 2-60 所示，使用合适的工具打开换挡面板，用钥匙头或手按压（不松开）换挡机构上的 P 挡解锁按钮，同时握住换挡手柄，按下手柄上的锁止按钮（O/D），从 P 挡向后拉出到 N 挡。然后复原所有打开零件，停车后将挡位挂入 P 挡。

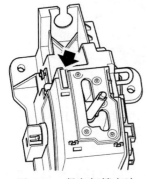

图 2-60 紧急解锁方法

三、换挡杆球头的拆装

爱信 5 速自动变速器换挡杆球头的拆装方法如下：

① 将换挡杆挂入空挡。
② 小心松开换挡杆球头的饰环。
③ 从换挡杆球头上拆下 C 形夹，如图 2-61 所示。
④ 注意换挡杆球头的安装位置。
⑤ 拆下换挡杆球头。
⑥ 安装时，将换挡杆球头饰环定位到换挡杆上。
⑦ 将换挡杆球头安装到换挡杆上。
⑧ 对准换挡杆凹槽并将 C 形夹装入换挡杆球头。

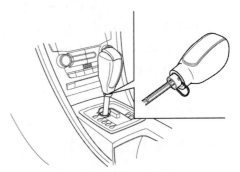

图 2-61 拆下 C 形夹

⑨ 将定位标记对准凹槽并安装换挡杆球头饰环。

四、换挡拉索的拆装

① 将换挡杆挂入空挡。
② 断开蓄电池负极接线。
③ 拆下空气滤清器总成。
④ 在空挡启动开关上标记当前位置。
⑤ 拆下中控台饰板。
⑥ 松开换挡杆总成末端的换挡拉索并收好衬套，如图 2-62 所示。
⑦ 小心地拆下并收好，将换挡拉索固定到车身地板上的 C 形夹。
⑧ 拆下将排气通道前隔热板前部右侧固定到车身上的螺栓，移动隔热板以便露出换挡拉索。
⑨ 拆下 2 个将换挡拉索支架固定到变速器上的螺栓并松开换挡拉索支架。
⑩ 松开将换挡拉索固定到空挡启动开关上的螺母并松开拉索，如图 2-63 所示。

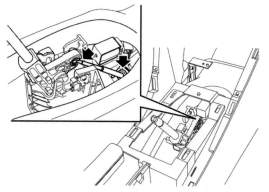

图 2-62　松开换挡拉索

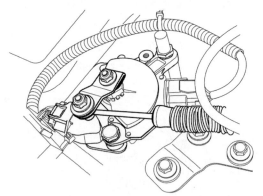

图 2-63　松开空挡启动开关上的拉索

⑪ 从车辆上拆下换挡拉索。
⑫ 安装时，确保空挡启动开关仍处于原位置，将换挡拉索嵌入孔内后拧紧螺母，将换挡拉索固定到空挡启动开关上。
⑬ 将换挡拉索对准其安装位置，安装将换挡拉索支架固定到变速器上的螺栓并拧紧至 25N·m。
⑭ 将拉索穿过车身地板并用 C 形夹固定在车内，确保 O 形圈固定就位。
⑮ 安装前隔热板的前部右侧螺栓并拧紧至 4～6N·m。
⑯ 将换挡拉索和衬套装到换挡杆总成上。
⑰ 安装中控台饰板。
⑱ 安装空气滤清器总成。
⑲ 连接蓄电池负极接线。

五、换挡杆总成的拆装

① 断开蓄电池负极接线。
② 拆下中控台。

③ 拆下 2 个螺钉和 1 个螺栓，拆下中控台后座面部风道。
④ 断开 2 个连接器的连接。
⑤ 松开将线束固定到换挡杆总成的卡扣。
⑥ 从换挡杆上松开内换挡拉索。
⑦ 拆下将外拉索固定到换挡杆壳体的卡扣并从换挡杆壳体上松开外拉索，如图 2-62 所示。
⑧ 拆下 4 个将换挡杆总成固定到中央通道的螺栓并拿开换挡杆总成。
⑨ 安装时，定位换挡杆壳体，连接内拉索到换挡杆并将外拉索用卡扣固定到换挡杆壳体上。
⑩ 定位换挡杆壳体到出风口，安装螺栓并拧紧至 9N·m。
⑪ 连接连接器并将线束固定到换挡杆总成上。
⑫ 安装并固定中控台通道风管总成。
⑬ 安装中控台总成。

六、空挡启动开关的拆装

① 确保车辆挂入空挡。
② 从空挡启动开关上松开操纵摇臂，将摇臂和拉索移到一边。
③ 从固定空挡启动开关的螺栓上松开线束夹。
④ 从空挡启动开关上断开连接器。
⑤ 使用螺丝刀将锁止垫圈撬开。
⑥ 从空挡启动开关上拆下锁止螺母、锁止垫圈，如图 2-64 所示。
⑦ 拆下将空挡启动开关固定到变速器的 2 个螺栓并拿开开关。
⑧ 安装空挡启动开关和螺栓至变速器，但不要完全拧紧。
⑨ 安装锁止垫圈和锁止螺母并拧紧锁止螺母。
⑩ 将操纵摇臂定位到空挡启动开关上，确保正确固定。安装并拧紧螺母至 25N·m。
⑪ 将连接器连接到空挡启动开关上。
⑫ 拧紧空挡启动开关固定螺栓。
⑬ 使用螺丝刀将锁止垫圈锁止。
⑭ 将线束夹固定到螺栓上。
⑮ 检查并确认发动机在 P 和 N 挡时能启动，在挂到其他挡位时发动机不能启动。

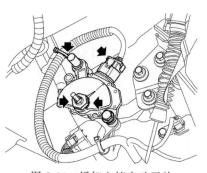

图 2-64 拆卸空挡启动开关

七、换挡拉索总成的检查与调整

换挡拉索总成的检查方法如下：
① 将换挡操纵机构总成置于 P 挡位置。
② 脱开换挡拉索总成至换挡臂连接的一端。
③ 将换挡操纵机构总成从 P 挡切换到 L 挡，然后再挂回 P 挡，重复多次，期间换挡操纵机构总成必须活动自如。

④ 安装换挡拉索总成，测试完毕。

当出现以下情况时，必须调整换挡拉索总成：
- 换挡拉索总成从变速器上拆下。
- 拆卸并安装发动机和变速器。
- 拆卸并安装换挡拉索总成和选换挡操纵机构。
- 如果发动机、变速器位置发生变动。

换挡拉索总成的调整方法如下：
① 将换挡杆手柄置于 P 挡位置。
② 撬起换挡拉索总成上调整机构的固定块，如图 2-65 箭头所示。
③ 将自动变速器上的变速器摇臂 1 置于 P 挡位置。
④ 将换挡杆手柄向前或向后轻击，绝对不可以从 P 挡位移出，调至换挡拉索总成处于最理想位置。

图 2-65　撬起固定块

⑤ 压下换挡拉索总成上的调整机构的固定块。

第三节　液压控制系统

一、概述

自动变速器的自动换挡是靠液压控制系统来完成的。如图 2-66 所示，液压控制系统由动力源、执行机构和控制机构三个部分组成。

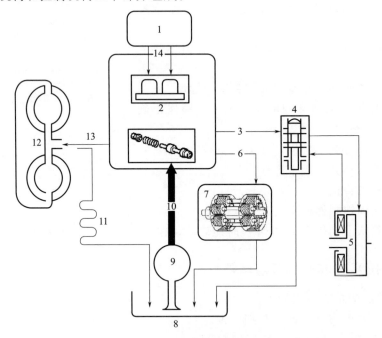

图 2-66　液压控制系统

1—TCM；2—电磁阀；3—油路压力；4—换挡控制阀；5—离合器和制动器；6—润滑油路；7—行星齿轮组；8—油底壳；9—油泵；10—油泵压力；11—油冷器；12—液力变矩器；13—输送 ATF；14—调制电压

液压控制阀阀体通过切换油泵形成的液压油路来提供变速器油。基于 TCM 的控制信号，电磁阀被激活以控制离合器和制动器的液压，并执行换挡和锁止功能。此外，还为液力变矩器、行星齿轮和润滑零部件提供适量变速器油。

1. 液力变矩器与油泵

液力变矩器的结构如图 2-67 所示。变矩器由变矩器壳体、泵轮、涡轮、导轮、单向离合器和锁止离合器组成。变矩器通过其中的 ATF 来传递和放大转矩。锁止离合器接合之后，发动机和自动变速器直接相连，能量传输和燃油经济性得以提升。

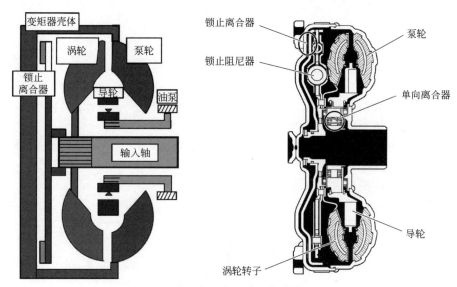

图 2-67　液力变矩器的结构

动力源是指由液力变矩器泵轮驱动的油泵，其结构如图 2-68 所示。它除了向控制机构、执行机构供给压力油以实现换挡外，还给液力变矩器提供冷却补偿油，向行星齿轮变速器供给润滑油。

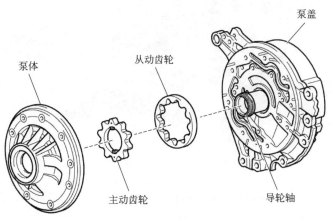

图 2-68　自动变速器油泵

如图 2-69 所示，ATF 滤油网位于变速器油盘上，用来过滤 ATF，防止 ATF 中的金属碎屑进入油道。重量较轻的毛毡型 ATF 滤油网具有良好的过滤性能，并提高了可靠性。此外，此类型的滤油网无需保养。

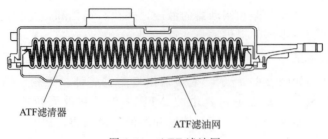

图 2-69 ATF 滤油网

2. 阀体总成

如图 2-70 所示,阀体总成包括阀体、电磁阀、机械阀、单向阀、蓄能器、弹簧等零部件,功能如下:

阀体:组成基本油路结构,供工作油压及润滑油压动作。
电磁阀:控制机械阀动作,控制离合器、制动器动作。
机械阀:控制主油压、液力变矩器油压及油路切换。
单向阀:控制油路单向通断。
蓄能器:降低油压波动,以免造成换挡冲击。
弹簧:配合机械阀及蓄能器工作。

图 2-70 自动变速器阀体总成

液压控制机构主要包括主油路系统、换挡信号系统、换挡阀系统和缓冲安全系统。根据其换挡信号系统和换挡阀系统采用的是全液压元件还是电子控制元件,可将控制机构分为液控式和电控式两种。

自动变速器的液压控制系统由油泵产生压力油,最终通过油路(图 2-71)来产生作用,实现变矩器锁止离合器的锁止与释放、换挡执行机构(离合器与执行器)的动作,使变速器能自动改变挡位。

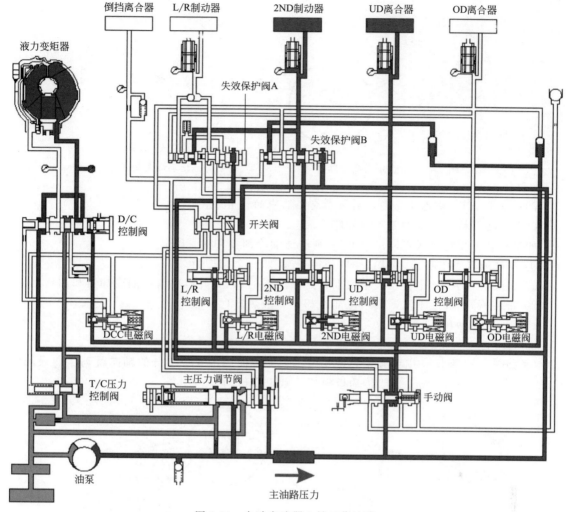

图 2-71　自动变速器 2 挡工作油路

二、变矩器的检查

（1）检查单向离合器

如图 2-72 所示。

① 用手指按压导轮的花键并旋转导轮。检查并确认顺时针转动时导轮旋转顺畅，逆时针转动时旋转沉重。

② 必要时，清洁变矩器并重新检查单向离合器。

③ 如果清洁后单向离合器仍不合格，则更换变矩器。

（2）确定变矩器总成的状态

如果变矩器总成的检查结果符合以下条件，则更换变矩器总成：

① 失速测试过程中或换挡杆移至 N 位置时，变矩器总成发出金属声。

② 单向离合器在两个方向上都可自由旋转或都会锁止。

③ ATF 中金属粉末的量大于图 2-73 中示例。

提示：示例中，从拆下的变矩器中取出的 ATF 约为 25mL。

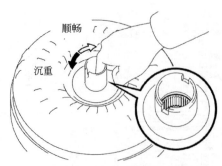
图 2-72 检查单向离合器

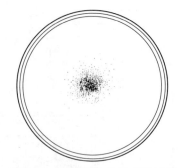
图 2-73 粉末最大允许含量示例

(3) 如果 ATF 变色或发臭，则搅动变矩器中的 ATF 并更换
(4) 清洁并检查油冷却器和油管路
如果检查了变矩器或更换了 ATF，则清洁油冷却器和油管路。
① 向进油软管中吹入 196kPa 的压缩空气，如图 2-74 所示。
② 如果发现 ATF 中存在大量粉末，则加注新的 ATF 并再次清洁油冷却器和油管路。
③ 如果 ATF 混浊不清，则检查油冷却器（散热器）。
(5) 检查传动板
① 检查传动板是否损坏。
② 如图 2-75 所示，用百分表测量变矩器装配表面周围 6 个部分的轴向跳动。如果轴向跳动大于最大值（0.30mm）或传动板损坏，则更换传动板。

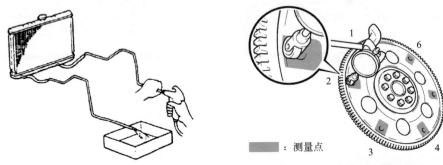

图 2-74 清洁油冷却器和油管路　　图 2-75 检查传动板轴向跳动

三、变矩器的安装

① 检查变矩器离合器总成。
② 安装变矩器时，使变速器输入轴和涡轮转子的花键啮合，如图 2-76 所示。
③ 转动变矩器离合器总成的同时，使导轮轴和导轮的花键啮合，如图 2-77 所示。
提示： 如果导轮轴难以与导轮花键啮合，则转动变矩器的同时将其向后移动约 10mm 并使花键啮合。
④ 转动变矩器离合器总成，使油泵主动齿轮的键啮合到变矩器离合器总成上的键槽中，如图 2-78 所示。
⑤ 如图 2-79 所示，用游标卡尺和直尺测量发动机的传动桥装配面 1 和传动板的变矩器装配面 2 之间的尺寸 A。

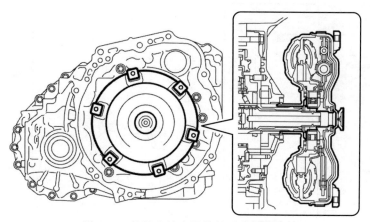

图 2-76 使输入轴和涡轮转子花键啮合

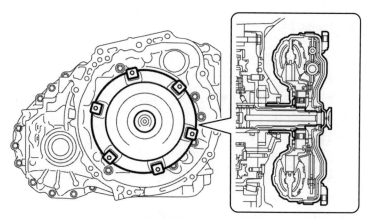

图 2-77 使导轮轴和导轮花键啮合

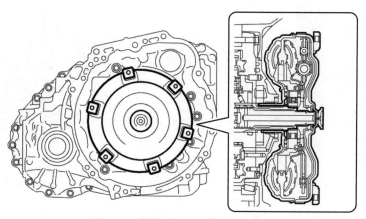

图 2-78 使油泵主动齿轮的键啮合

⑥ 如图 2-80 所示,用游标卡尺和直尺测量图中所示的尺寸 B,检查并确认 B 大于步骤⑤中测量的 $A(B=A+1mm$ 或更大)。

提示:如果传动桥安装到发动机上后变矩器未充分插入,则可能会损坏变矩器。

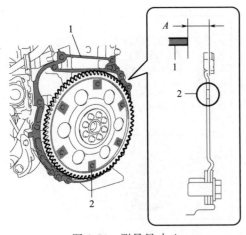

图 2-79 测量尺寸 A

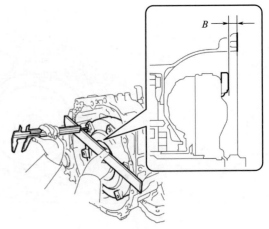

图 2-80 测量尺寸 B

四、变速器油泵的检修

丰田 U760E 自动变速器油泵的检查方法如下：
(1) 检查油泵及齿轮体分总成
用 2 把螺丝刀转动油泵主动齿轮并确保其能平稳转动，如图 2-81 所示。
注意：不要损坏油泵油封唇口。
(2) 检查油泵和齿轮体分总成的间隙
① 将从动齿轮推向泵体一侧。
② 用测隙规测量从动齿轮和油泵体之间的间隙，如图 2-82 所示。
标准间隙：0.08~0.15mm。
如果间隙大于最大值（0.15mm），则更换油泵体分总成。

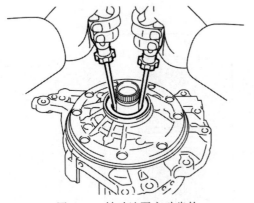

图 2-81 转动油泵主动齿轮

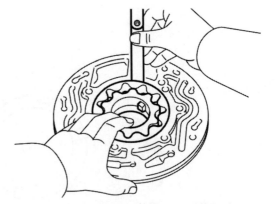

图 2-82 测量从动齿轮和油泵体间隙

③ 用直尺和测隙规测量两个齿轮的侧隙，如图 2-83 所示。
标准侧隙：0.025~0.04mm。
最大侧隙：0.04mm。
(3) 用百分表测量油泵体衬套的内径
如图 2-84 所示。

图 2-83 测量油泵齿轮侧隙

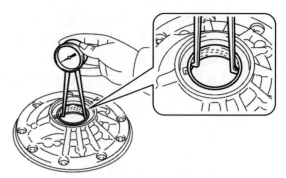

图 2-84 测量油泵体衬套的内径

标准内径：43.122～43.138mm。

最大内径：43.188mm。

如果内径大于最大值，则更换油泵体分总成。

（4）检查导轮轴总成

① 用百分表测量导轮轴衬套的内径，如图 2-85 所示。

标准内径：22.500～22.526mm。

最大内径：22.570mm。

② 如果内径大于最大值，则更换导轮轴总成。

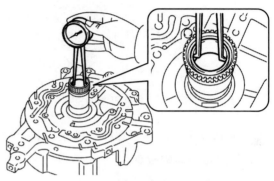

图 2-85 测量导轮轴衬套内径

五、换挡电磁阀的拆解与检查

丰田 U760E 自动变速换挡电磁阀的拆解与检查如下：

1. 换挡电磁阀的拆解

① 拆卸转速传感器。

② 拆卸变速器线束。

③ 从阀体总成上拆下螺栓和换挡电磁阀 SL，如图 2-86 所示。

④ 从阀体总成上拆下 2 个螺栓、卡夹、锁止板和换挡电磁阀 SL2，如图 2-87 所示。

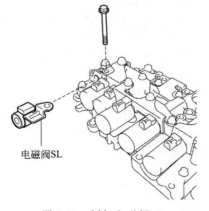

图 2-86 拆卸电磁阀 SL

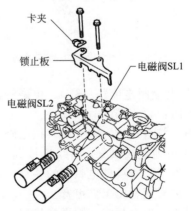

图 2-87 拆卸电磁阀 SL2、SL1

⑤ 从阀体总成上拆下换挡电磁阀 SL1。
⑥ 从阀体总成上拆下螺栓、锁止板和换挡电磁阀 SLT，如图 2-88 所示。
⑦ 从阀体总成上拆下换挡电磁阀 SLU。
⑧ 从阀体总成上拆下螺栓、锁止板和换挡电磁阀 SL3，如图 2-89 所示。

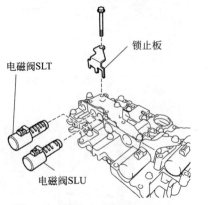

图 2-88　拆卸电磁阀 SLT、SLU

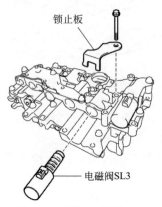

图 2-89　拆卸电磁阀 SL3

⑨ 从阀体总成上拆下螺栓、锁止板和换挡电磁阀 SL4，如图 2-90 所示。

2. 换挡电磁阀的检查

（1）检查换挡电磁阀 SL

如图 2-91 所示。

图 2-90　拆卸电磁阀 SL4

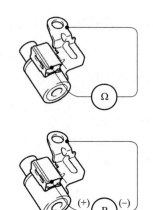

图 2-91　检查换挡电磁阀 SL

① 测量电磁阀连接器（SL）、电磁阀阀体（SL）之间的电阻。

标准电阻：11～15Ω。

如果值不符合规定，则更换换挡电磁阀。

② 将蓄电池正极（+）引线连接到电磁阀连接器的端子 2 上，负极（-）引线连接到端子 1 上，然后检查换挡电磁阀的移动情况。

正常：电磁阀发出工作声音。

如果结果不符合规定，则更换换挡电磁阀。

(2) 检查换挡电磁阀 SLT

如图 2-92 所示。

① 测量换挡电磁阀 SLT 端子 1、2 之间的电阻。

标准电阻：5.0~5.6Ω。

如果值不符合规定，则更换换挡电磁阀。

② 将串联有 21W 灯泡的蓄电池正极（+）引线连接到电磁阀连接器的端子 2 上，负极（-）引线连接到端子 1 上，然后检查换挡电磁阀的移动情况。

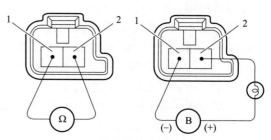

图 2-92　检查换挡电磁阀 SLT

正常：电磁阀发出工作声音。

如果结果不符合规定，则更换换挡电磁阀。

(3) 检查换挡电磁阀 SLU

如图 2-92 所示。

① 测量换挡电磁阀 SLU 端子 1、2 之间的电阻。

标准电阻：5.0~5.6Ω。

如果值不符合规定，则更换换挡电磁阀。

② 将串联有 21W 灯泡的蓄电池正极（+）引线连接到电磁阀连接器的端子 2 上，负极（-）引线连接到端子 1 上，然后检查换挡电磁阀的移动情况。

正常：电磁阀发出工作声音。

如果结果不符合规定，则更换换挡电磁阀。

(4) 检查换挡电磁阀 SL1

如图 2-92 所示。

① 测量换挡电磁阀 SL1 端子 1、2 之间的电阻。

标准电阻：5.0~5.6Ω。

如果值不符合规定，则更换换挡电磁阀。

② 将串联有 21W 灯泡的蓄电池正极（+）引线连接到电磁阀连接器的端子 2 上，负极（-）引线连接到端子 1 上，然后检查换挡电磁阀的移动情况。

正常：电磁阀发出工作声音。

如果结果不符合规定，则更换换挡电磁阀。

(5) 检查换挡电磁阀 SL2

如图 2-92 所示。

① 测量换挡电磁阀 SL2 端子 1、2 之间的电阻。

标准电阻：5.0~5.6Ω。

如果值不符合规定，则更换换挡电磁阀。

② 将串联有 21W 灯泡的蓄电池正极（+）引线连接到电磁阀连接器的端子 2 上，负极（-）引线连接到端子 1 上，然后检查换挡电磁阀的移动情况。

正常：电磁阀发出工作声音。

如果结果不符合规定，则更换换挡电磁阀。

(6) 检查换挡电磁阀 SL3

如图 2-92 所示。

① 测量换挡电磁阀 SL3 端子 1、2 之间的电阻。

标准电阻：5.0～5.6Ω。

如果值不符合规定，则更换换挡电磁阀。

② 将串联有 21W 灯泡的蓄电池正极（＋）引线连接到电磁阀连接器的端子 2 上，负极（－）引线连接到端子 1 上，然后检查换挡电磁阀的移动情况。

正常：电磁阀发出工作声音。

如果结果不符合规定，则更换换挡电磁阀。

(7) 检查换挡电磁阀 SL4

如图 2-92 所示。

① 测量换挡电磁阀 SL4 端子 1、2 之间的电阻。

标准电阻：5.0～5.6Ω。

如果值不符合规定，则更换换挡电磁阀。

② 将串联有 21W 灯泡的蓄电池正极（＋）引线连接到电磁阀连接器的端子 2 上，负极（－）引线连接到端子 1 上，然后检查换挡电磁阀的移动情况。

正常：电磁阀发出工作声音。

如果结果不符合规定，则更换换挡电磁阀。

六、控制系统常见故障的检修

1. 自动变速器无前进挡

（1）故障现象

汽车倒挡行驶正常，在前进挡时不能行驶，换挡操纵手柄在 D 位时汽车不能起步，在 S 位、L 位（或 2 位、1 位）时可以起步。

（2）故障原因

造成自动变速器无前进挡的原因有：

① 前进离合器严重打滑。

② 前进单向超越离合器打滑或装反。

③ 前进离合器油路严重泄漏，油压低。

④ 换挡操纵手柄调整不当。

⑤ 电控系统故障。主要是挡位开关不良，负责 1 挡执行元件工作的电磁阀及其电路故障。

（3）故障诊断与排除

① 首先检查换挡操纵手柄的调整情况。如有异常，应按规定程序重新调整。

② 测量前进挡主油路油压。若油压过低，则说明主油路严重泄漏，应拆检自动变速器，更换前进挡油路上各处的密封圈和密封环。

③ 若前进挡的主油路油压正常，应拆检前进离合器（图 2-93）。如摩擦片表面粉末冶金层有烧焦或磨损过甚，应更换摩擦片。

④ 若主油路油压和前进离合器均正常，则应拆检前进挡单向离合器，检查前进单向离合器的安装方向是否正确以及有无打滑。

⑤ 如单向离合器装反，应重新安装；如单向离合器打滑，应更换。

⑥ 检查前进离合器控制电磁阀及其电路连接。

2. 自动变速器无倒挡

（1）故障现象

汽车在前进挡能正常行驶，但在倒挡时不能行驶。

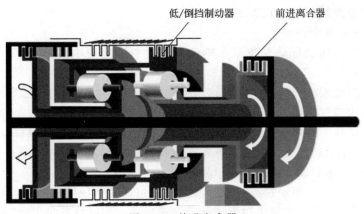

图 2-93 前进离合器

(2) 故障原因

① 电控系统故障。
② 操纵手柄调整不当。
③ 倒挡油路泄漏。
④ 倒挡离合器或低/倒挡（L/R）制动器打滑。

(3) 故障诊断与排除

① 检查电控系统。检查以下 TCM 输入/输出信号：挡位开关信号、挂倒挡时各换挡电磁阀的工作情况、输入轴转速信号、输出轴转速信号或车速信号。还应注意输入轴转速传感器与输出轴转速传感器的插头是否相互插错。断开电控自动变速器上电磁阀接头或拔下 TCM 的插头，再挂倒挡，如倒挡正常则说明故障在电控部分。

② 检查换挡杆、手动阀的位置或换挡拉索的长度。如有异常，重新调整。

③ 检查倒挡油路油压。若油压过低，则说明倒挡油路泄漏。对此，应拆检自动变速器，予以修复。

④ 若倒挡油路油压正常，可进行手动挂挡试验，查看其他挡位是否正常，再结合该型号自动变速器动作元件表或动力传递路线来确定故障部位，然后拆检自动变速器，更换损坏的离合器片或制动器片（或制动带）。

3. 自动变速器换挡冲击

(1) 故障现象

在汽车起步时，由停车挡（P）或空挡（N）挂入倒挡（R）或前进挡（D）时，汽车振动较严重；在汽车行驶过程中自动变速器换挡的瞬间，汽车有较明显的振动。

(2) 故障原因

① 发动机怠速过高。
② 节气门拉索或节气门位置传感器调整不当，使主油路油压过高。
③ 升挡过迟。
④ 真空式节气门阀的真空软管破裂或松脱。
⑤ 主油路调节阀有故障，使主油路油压过高。
⑥ 蓄压器活塞卡住，不能起减振作用。
⑦ 单向阀钢球漏装，换挡执行元件（离合器或制动器）接合过快。
⑧ 换挡执行元件打滑。
⑨ 油压电磁阀不工作。

⑩ 自动变速器控制单元（TCM）有故障。

(3) 故障诊断与排除

① 检查发动机怠速。自动变速器车辆的发动机怠速一般为 750r/min 左右。若怠速过高，应按标准予以调整。

② 检查节气门拉索或节气门位置传感器的调整情况。如不符合标准，应重新调整。

③ 检查真空式节气门阀的真空软管。如破裂，应更换；如松脱，应接牢。

④ 进行道路试验。如果有挡迟的现象，则说明换挡冲击大的故障是升挡迟所致。如果在升挡之前发动机转速异常升高，导致在升挡的瞬间有较大的换挡冲击，则说明离合器或制动器打滑，应分解自动变速器，予以修理。

⑤ 检测主油路油压。如果怠速时的主油路油压过高，则说明主油路调压阀或节气门阀有故障，可能是调压弹簧的预紧力过大或阀芯卡滞所致；如果怠速时主油路油压正常但起步时有较大冲击，则说明前进离合器或倒挡离合器的进油单向阀球损坏或漏装。

⑥ 检测换挡时的主油路油压。在正常情况下，换挡时的主油路油压会瞬时下降。如果换挡时主油路油压没有下降，则说明蓄压器活塞卡滞，应拆检阀板和蓄压器。

⑦ 检查自动变速器电控系统。如果线路有故障，应予以修复；如果电磁阀损坏，应更换电磁阀；如果 TCM 在换挡的瞬间没有向油压电磁阀发出控制信号，说明 TCM 有故障，应更换 TCM。

4. 捷达自动挡轿车无倒挡

(1) 故障现象

一辆捷达自动挡轿车因驾驶员不小心将变速器油底壳碰坏，经修理后发现该车没有倒车挡，但前进挡位正常。

(2) 故障诊断与排除

① 将变速杆置于前进挡，即 1、2、3、D 挡位，各前进挡工作良好；将变速杆置于倒挡，踩下加速踏板，车辆没有向后移动。

② 大众 01M 自动变速器倒挡时的动力传递流程如图 2-94 所示，倒挡离合器 K2 闭合，驱动大太阳轮，1 挡、倒挡制动器 B1 锁止行星支架，从而实现了倒挡。

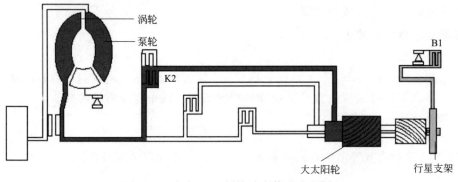

图 2-94　大众 01M 倒挡动力传递流程图

③ 根据 01M 自动变速器倒挡工作原理，分析无倒挡的可能故障原因有：

• 倒挡离合器 K2 故障，导致大太阳轮不工作；

• 电磁阀 N92 故障或其控制的油路堵塞；

• 倒挡制动器 B1 故障，导致行星齿轮支架无法固定，一直处于旋转工作状态，大太阳轮的旋转动力无法传至齿圈；

- 有关油路堵塞。

④ 分解变速器，检查倒挡离合器 K2 及倒挡制动器 B1：

- 分解倒挡离合器 K2。拆卸自动变速器油泵，取出倒挡离合器 K2，分解倒挡离合器 K2。检查离合器 K2 的内片和外片，发现内、外片均已因高温而变形，有退火现象，并有焦糊味。检查离合器 K2 活塞及弹簧，发现活塞及弹簧支撑板在离合器壳体内无法自由转动，均有受热膨胀变形的可能性。检查后确定，应更换离合器 K2。

- 检查倒挡制动器 B1。取出倒挡制动器 B1，检查制动器 B1 的内片和外片，发现基本正常，无需更换。检查 B1 活塞，确定倒挡活塞裙部无断裂泄油处，辊子、弹簧安装位置牢靠，没有松脱现象，保持架与外环位置装配正确，无错位变形处。检查后，确定倒挡制动器 B1 无故障。

⑤ 检查滑阀箱内的电磁阀 N92，无故障。清洗有关油路，确定无堵塞现象。

⑥ 更换倒挡离合器 K2，重新正确组装该车自动变速器，加注自动变速器油。

⑦ 安装完毕后，进行路试，倒挡工作正常，其他各挡位工作状况良好，故障排除。

5. 自动变速器一挡升二挡冲击大

（1）故障现象

一辆采用 09G 自动变速器的速腾轿车挂 D 挡起步加速时，由一挡升二挡的过程中车身耸动、换挡冲击大，三、四、五挡之间换挡时都正常。

（2）故障诊断与排除

① 由故障现象可知，该故障的原因可能是控制一挡升二挡的某个电气部件或机械部件出现了问题。

② 用 VAS5051 进入网关安装列表查询，无故障存储。

③ 进入 02（自动变速器系统）读取自动变速器测量数据块，显示正常。自动变速器控制单元编码正确。

④ 检查发现 ATF 油位和油质正常，无明显的色泽变化及烧焦气味；做自动变速器的失速试验，发动机转速在 2000r/min 左右，证明自动变速器内部离合器与制动器等摩擦元件正常。

⑤ 09G 自动变速器换挡时各元器件工作原理如表 2-3 所示。一挡升二挡过程中，自动变速器一二挡切换时参加的执行元件有 K1 和 B1，对应的电磁阀是 N92 与 N283。

表 2-3 09G 挡位与换挡执行元件对应关系

挡位 （传动比）	多片离合器			制动器		单向离合器
	K1	K2	K3	B1	B2	F1
1(4.148)	×				(×)	×
2(2.37)	×			×		
3(1.556)	×		×			
4(1.159)	×	×				
5(0.859)		×	×			
6(0.686)			×	×		
R(3.394)		×			×	

⑥ 09G 的换挡电磁阀控制电路如图 2-95 所示。检查电磁阀 N92 与 N283 线路，用万用表测量线路，无短路和开路现象。

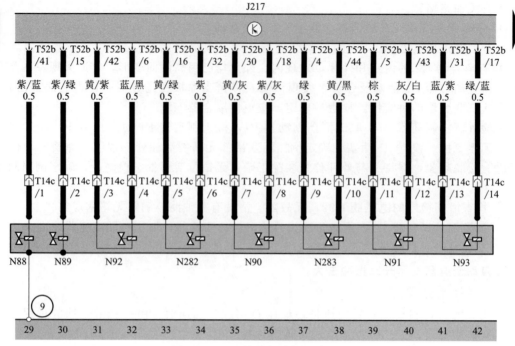

图 2-95　09G 换挡电磁阀电路图

⑦ 拆下自动变速器的滑阀箱,检查 N283 电磁阀是否有堵塞、卡滞现象,结果正常。进一步拆检与 N283 电磁阀相连的机械阀,发现机械阀的弹簧已断裂。

⑧ 更换 09G 自动变速器滑阀箱,故障排除。

(3) 故障总结

如图 2-96 所示,N283 电磁阀本身是 PWM 调压阀,无占空比信号通过电磁阀时,油道的压力最大,此时机械阀压住机械阀弹簧;当电磁阀通占空比信号后,油道泄压,此时机械阀弹簧推动机械阀移动进行油道切换;但机械阀弹簧断裂后,机械阀弹簧不能迅速推动机械阀移动进行油道切换,导致 B1 制动器的活塞不能迅速移动,造成一挡升二挡时车身耸动、换挡冲击大。

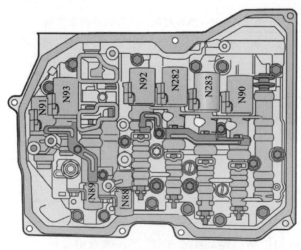

图 2-96　09G 变速器电磁阀分布图

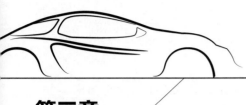

第三章

双离合器变速器

第一节 概述

双离合器变速器（DCT）的结构类似手动变速器，其基本结构如图 3-1 所示。它也包括带有齿轮和惰轮的动力输入轴，和带有不同挡位齿轮的中间轴，并通过换挡拨叉改变挡位。所不同的是，双离合器变速器具有两组输入轴和中间轴。其中一组具有奇数挡位，另一组具有偶数挡位。两组输入轴通过两个不同的离合器将动力输出到与之匹配的中间轴上。因为具有两组离合器，故此被称为双离合器变速器。

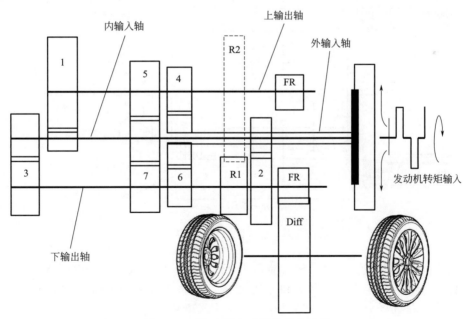

图 3-1 双离合器变速器的基本结构

双离合器变速器包括湿式双离合器变速器和干式双离合器变速器两种，它将手动变速器和自动变速器的优点结合于一体，具备换挡迅速又无冲击，与此同时燃油消耗却比自动变速器少的特性。

一、湿式双离合器变速器

1. 总体构成和基本原理

大众 6 速湿式双离合器变速器 02E 的总体构成如图 3-2 所示，其基本工作原理如图 3-3 所示。

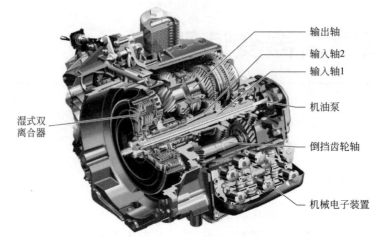

图 3-2　大众 6 速湿式双离合器变速器 02E

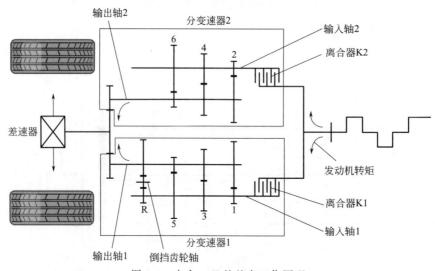

图 3-3　大众 02E 的基本工作原理

该 6 挡双离合器变速器有两个输入轴和两个输出轴，可看成是两个全同步式变速器并联在一起构成的（分别叫作分变速器 1 和分变速器 2）。每个分变速器都是按照传统的手动变速器而构建的，并且每个分变速器都配有一个膜片式离合器。

两个膜片式离合器在双离合器变速器机油中运转，它们由机械电子控制装置根据需要接通的挡位来分离和接合。分变速器 1 由离合器 K1 接合，分变速器 2 由离合器 K2 接合。分变速器 1 负责切换奇数挡 1、3、5 和倒挡，分变速器 2 负责切换偶数挡 2、4、6。在行车过程中，总是有一个分变速器通过离合器 K1 或者 K2 来传送动力。

2. 转矩输入

发动机转矩由双质量飞轮通过花键传递到双离合器的输入毂上。从双离合器开始，根据具体是在使用哪一挡位行车，发动机转矩就传递到输入轴1或2，然后再传递到相应的输出轴。变速器机油泵通过一根穿过中空输入轴1的泵轴驱动，向液压控制系统建立油压。为了清楚表示出每个轴，图3-4中的输出轴1、2以及倒挡轴并不是其实际位置，而是让所有轴都处于同一个平面。

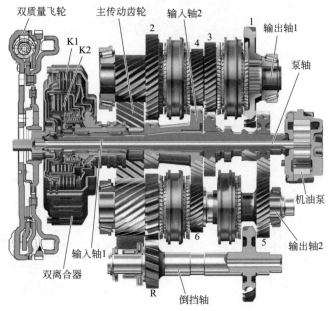

图 3-4 转矩输入机构

输入轴作为一个紧凑的单元布置在变速器壳内，输入轴2是中空的，输入轴1穿过中空的输入轴2运转。输入轴采用同轴布置形式，且奇数挡位和偶数挡位是混合地分布在两个输出轴上的。两个输出轴采用不同的传动比将发动机转矩传递到主传动的直齿圆柱齿轮上，然后再传递到差速器（四驱车是传递到圆锥齿轮传动）。

3. 湿式双离合器

02E双离合器变速器的双离合器是一个湿式膜片式离合器，其结构如图3-5所示。发动机转矩通过输入毂传递到离合器的每个钢膜片上，外片支架与膜片式离合器的主毂固定，因此始终可以实现动力啮合。每个离合器单元都是由钢膜片和摩擦片组成，通过动力啮合，它可以将转矩传递到离合器K1或者离合器K2的内片支架上。

转矩经外片支架被引入到相应的离合器内。当离合器接合时，转矩就被传递到内片支架上，也就是传递到相应的输入轴上。

如图3-6所示，离合器K1是一个外离合器，可将转矩传递到1、3、5和倒挡的输入轴1上。当机油进入离合器K1的机油压力腔时，活塞1就开始移动，这就使得离合器K1的片组压靠在一起，离合器接合。转矩经内片支架的片组传递到输入轴1上。

如图3-7所示，离合器K2是一个内离合器，可将转矩传递到2、4、6挡的输入轴2上。要想使得这个离合器接合，必须要将机油压入离合器K2的机油压力腔内。于是活塞2就通过这个片组将动力传递到输入轴2上。

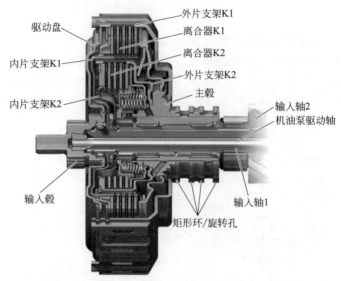

图 3-5 湿式双离合器的结构

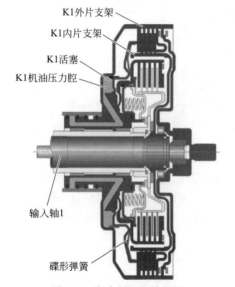

图 3-6 离合器 K1 结构图

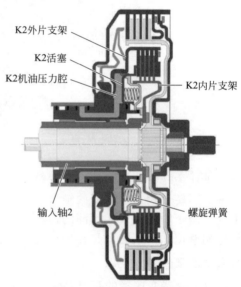

图 3-7 离合器 K2 结构图

图 3-8 液压换挡机构

4. 液压换挡机构与液压控制

与手动变速器一样,双离合器变速器也是采用换挡拨叉拨动结合套来换挡。

02E 变速器的液压换挡机构如图 3-8 和图 3-9 所示。四个换挡接合套由液压控制的换挡拨叉来操纵。每个换挡拨叉采用滚子轴承在两个钢套中导向。钢套是压入到变速器壳体内的,钢套同时还是液压活塞的缸筒,换挡拨叉通过活塞就可来回运动。每个换挡拨叉配有一个行程传感器,该传感器用于感知换挡拨叉的准确位置和行程。

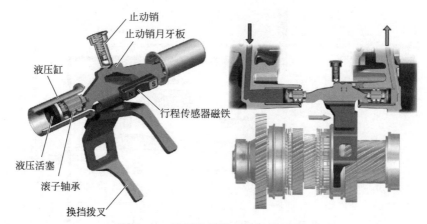

图 3-9　液压换挡拨叉及工作原理

换挡压力机油经过变速器壳体上的孔流至相应挡位的液压缸内。于是，在换挡拨叉上产生压力，将换挡拨叉推至左侧止点位置或右侧止点位置或者中间位置（空挡位置）。如果已挂挡，那么相应的液压缸就被卸压成无压力状态了。挂入的挡位由换挡齿的齿背和止动销来保持住。

电动液压控制单元通过电磁阀来调节变速器内的换挡过程和离合器的离合过程，以及离合器的冷却。如图 3-10 所示，所有电磁阀、压力调节阀以及液压节流阀均位于电动液压控制单元内。

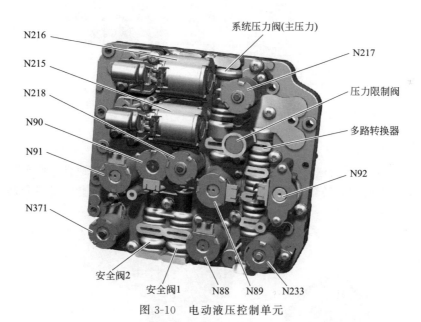

图 3-10　电动液压控制单元

02E 变速器的液压换挡控制线路如图 3-11 所示。

换挡拨叉由四个电磁阀（N88～N91）和一个多路转换器来操控，这个多路转换器由电磁阀 N92 控制。有了这个多路转换器，仅用 4 个电磁阀就可操控 8 个液压缸。

通常情况下，换挡压力就是主压力。为了将换挡噪声降至最低，在某些情况下会借助电动压力控制阀 N233 和 N371 来降低换挡压力。

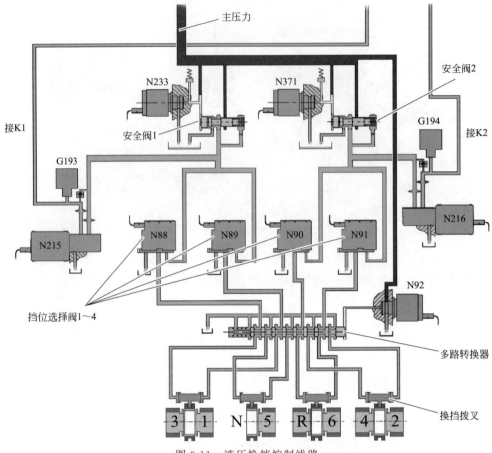

图 3-11 液压换挡控制线路

二、干式双离合器变速器

1. 转矩输入与内部结构

大众 0AM 双离合器变速器是一款用于前部横置安装的 7 挡变速器,它使用的是干式双离合器。如图 3-12 所示,转矩通过固定在曲轴上的双质量飞轮传输至双离合器。为此双质

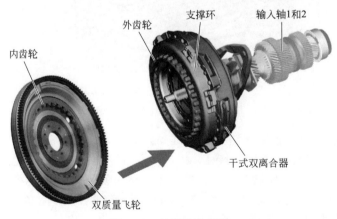

图 3-12 转矩输入部件

量飞轮中有内齿轮。该齿轮与双离合器支撑环上的外齿轮相互啮合，这样可以将转矩传递到双离合器内部。

0AM 变速器的内部结构如图 3-13 所示。双离合器安装在变速器壳体内，由两个传统离合器结合而成。支撑环将转矩传递给双离合器内的主动轮，主动轮以浮动轮方式支撑在输入轴 2 上。如果操纵了其中一个离合器，则转矩会通过主动轮传递给相应的离合器从动盘，然后继续传递给相应的输出轴。

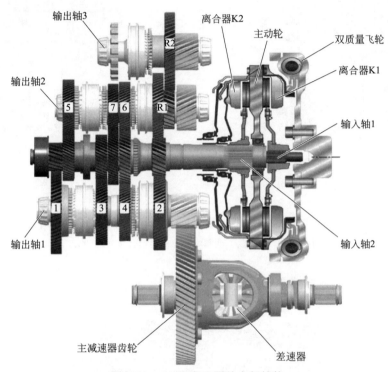

图 3-13　0AM 变速器的内部结构

离合器 K1 通过花键将转矩传递给输入轴 1。输入轴 1 将 1 挡和 3 挡的转矩继续传递给输出轴 1，将 5 挡和 7 挡的转矩传递给输出轴 2。

离合器 K2 通过花键将转矩传递给输入轴 2。输入轴 2 将 2 挡和 4 挡的转矩传递给输出轴 1，将 6 挡和倒车挡的转矩传递给输出轴 2。此后转矩通过倒车挡中间齿轮 R1 继续传递给输出轴 3 的倒车挡齿轮 R2。

三个输出轴都与差速器的主减速器齿轮连接。

2. 干式双离合器

离合器 K1 将 1、3、5 和 7 挡的转矩传递给输入轴 1。如图 3-14 所示，操纵 K1 的接合杆时，接合轴承压向盘形弹簧，使离合器压盘拉动离合器从动盘接近主动轮。离合器接合，转矩传递给输入轴 1。离合器 K1 的液压调节器通过子变速器 1 内的阀门 3（N435）操纵接合杆。

离合器 K2 将 2、4、6 和 R 挡的转矩传递给输入轴 2。如图 3-15 所示，操纵 K2 接合杆时，接合轴承压向离合器压盘的盘形弹簧。由于盘形弹簧支撑在离合器壳体上，因此离合器压盘压向主动轮，转矩传递给输入轴 2。子变速器 2 内的阀门 3（N439）通过离合器 K2 的液压调节器操纵接合杆。

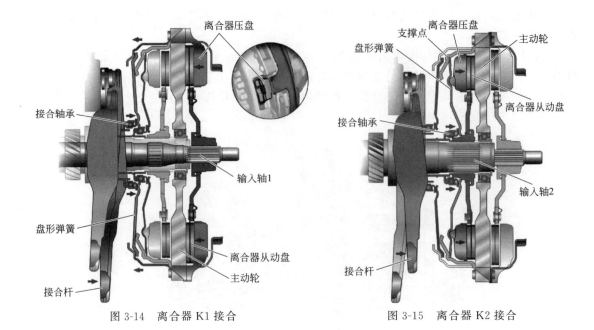

图 3-14 离合器 K1 接合　　　　　　图 3-15 离合器 K2 接合

离合器 K1 和 K2 以液压方式来操纵。两个离合器在机械电子单元中各有一个离合器调节器，离合器调节器的结构和工作原理分别如图 3-16、图 3-17 所示。

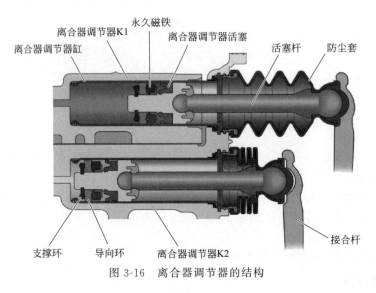

图 3-16 离合器调节器的结构

操纵离合器时，机械电子单元调节电磁阀的供电，打开通向离合器调节器的油道，使油压到达离合器调节器活塞后方。离合器调节器活塞移动，并操纵离合器接合杆使离合器接合。控制单元通过离合器行程传感器获得离合器的位置信号。

两个离合器的接合杆被操纵时，就像跷跷板的两端一样，交替工作。电磁阀通过控制离合器调节器与回流管路之间的油压实现离合器滑转以及变速器输入转速与输入轴转速之间的转速差。

3. 液压换挡机构与液压控制

0AM 双离合器变速器有两个彼此独立的液压油循环回路，使用不同的液压油工作。

0AM 的挡位调节器和换挡拨叉如图 3-18 所示。与 02E 变速器一样，0AM 换挡拨叉的操纵也是以液压方式进行。挡位调节器活塞与换挡拨叉连接。换挡时，换挡拨叉活塞在油压作用下移动。移动时活塞带动换挡拨叉和啮合套。啮合套操纵同步器毂并挂入挡位。

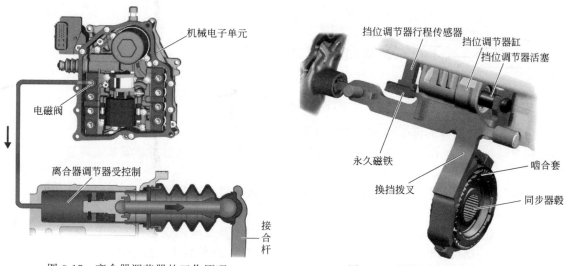

图 3-17　离合器调节器的工作原理　　图 3-18　挡位调节器与换挡拨叉

电液控制单元（图 3-19）集成在机械电子模块中，它能够产生换挡和操纵离合器所需的油压。变速器控制单元通过电磁阀调节挡位调节器的油量，以便进行换挡。

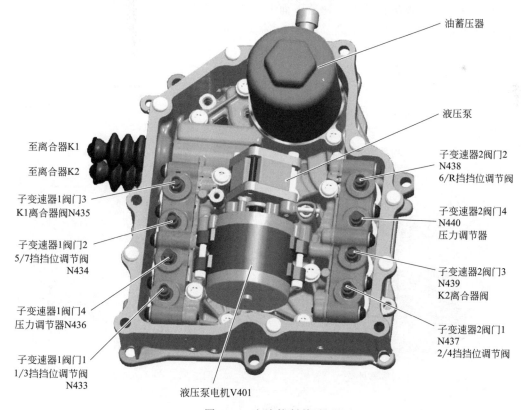

图 3-19　电液控制单元

液压泵单元安装在机械滑阀模块上,由液压泵和电机组成。液压泵依靠齿轮泵原理工作,它吸入油液并加压,最大供油压力约为 7MPa。液压泵电机是一个碳刷直流电机,由机械滑阀单元的电子控制单元依靠压力要求按需驱动,它通过连接器驱动液压泵。

第二节 双离合器变速器的保养

一、更换齿轮油和齿轮油滤清器(02E)

更换 02E 变速器的齿轮油前,首先读取齿轮油的温度。如果高于 50℃,则让变速器冷却。在发动机停止工作的状态下,旋出溢流管并排出齿轮油。然后重新安装溢流管并加注齿轮油。

启动发动机并运转一会儿后关闭发动机,旋出放油螺塞,排放多余的齿轮油,直至齿轮油油位与溢流管平齐。

更换齿轮油滤清器时,必须先拆下空气滤清器壳体及蓄电池支架。

① 关闭发动机,将举升机的支撑柱置于相同高度,使车辆处于水平状态。
② 拆下发动机底部隔声护板。
③ 换挡杆挂入 P 挡。
④ 连接车辆自诊断、测量和信息系统 VAS 5052。
⑤ 执行换油程序时,齿轮油温度不得高于 50℃。
⑥ 准备就绪后将收集盘放在变速器下面。
⑦ 松开齿轮油滤清器外壳 7 圈(图 3-20 箭头所示),等待 10s,齿轮油就会从齿轮油滤清器中流回变速器。
⑧ 拆下齿轮油滤清器外壳。
⑨ 取出齿轮油滤清器。
⑩ 如图 3-21 所示,以凸肩向下的方式装入新的齿轮油滤清器,拧紧齿轮油滤清器外壳。拧紧力矩:20N·m。

提示:擦干溢流到变速器壳体上的齿轮油。

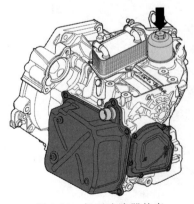

图 3-20 松开滤清器外壳

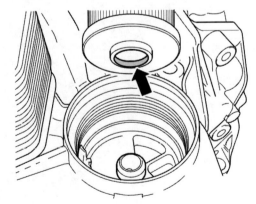

图 3-21 装入新的滤清器

⑪ 举升车辆,拆下发动机底部隔声护板。

⑫ 在变速器的下面放置旧油收集和抽吸装置或收集盘。
⑬ 旋出摆动支架旁边的放油螺塞1，如图3-22所示。

提示：放油螺塞孔内有一根塑料溢流管（用8mm内六角扳手拆卸）。它的长度决定变速器中齿轮油的油位。

⑭ 拆下溢流管。
⑮ 排放齿轮油。
⑯ 以3N·m拧紧力矩旋入溢流管。
⑰ 如图3-23所示，将6挡DSG双离合器变速器加油工具的适配接头1旋入检查孔中。

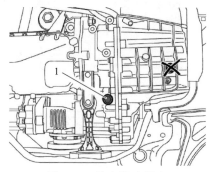 

图3-22 旋出放油螺塞　　　　图3-23 变速器加油工具

⑱ 打开储油罐之前先摇晃，然后加入5.2L齿轮油。

提示：要更换齿轮油罐，应关闭旋塞或将双离合器变速器加油工具置于变速器上方。

⑲ 继续连接车辆自诊断、测量和信息系统VAS 5052，直至显示出齿轮油温度。
⑳ 启动发动机。
㉑ 踩下制动踏板，并将换挡杆切换至每一个挡位约3s。将换挡杆置于P挡位。
㉒ 在齿轮油温度为35~45℃之间，发动机运行时，分离双离合器变速器加油工具的快速接头。
㉓ 让多余的齿轮油流出。
㉔ 当多余齿轮油流尽时，旋出双离合器变速器加油工具并旋入带新密封圈的放油螺塞，拧紧力矩为45N·m。
㉕ 关闭发动机。
㉖ 安装发动机底部隔声护板。

二、更换变速器油（0AM）

0AM变速器有两个供油系统，一个供油系统用于齿轮和轴，另一个供油系统用于双离合器变速器机械电子单元。大众速腾轿车0AM变速器油的更换方法如下。

1. 更换齿轮油

① 排出所有剩余齿轮油，并恰当地做废弃处理。
② 如果变速器发生泄漏，则目检齿轮油泄漏位置，维修泄漏处。
③ 接着重新装上排油螺栓，如图3-24所示。拧紧力矩：30N·m。
④ 拆卸空气滤清器壳体。
⑤ 拆卸蓄电池和蓄电池支架。

提示：在一些型号的发动机上，在变速器已经安装的情况下，必须拆下空气滤清器、蓄电池才能加注齿轮油。

⑥ 拔下排气孔盖罩，如图 3-25 所示。

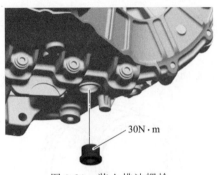
图 3-24　装上排油螺栓

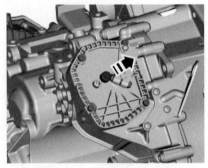
图 3-25　拔下排气孔盖罩

⑦ 在排气孔上安装转接头 VAS 6262/4 和机油加注工具 VAS 6262A，如图 3-26 所示。

⑧ 先将转接头 VAS 6262/6 拧在齿轮油瓶上，接着拧到机油加注工具 VAS 6262A 上，如图 3-27 所示。

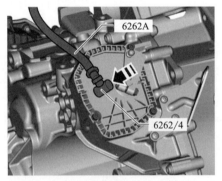
图 3-26　安装机油加注工具

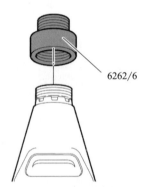
图 3-27　安装转接头

⑨ 加注 1.7L 齿轮油。

⑩ 加注完成后，取下机油加注转接头 VAS 6262A。用抹布擦净排气孔周围区域，并装上排气罩。

2. 更换中央液压系统油

中央液压系统油是一种长效液压油，一般无需更换，在变速器中无需检查油位。因此，无油位检查装置。

① 拆下排油螺栓，如图 3-28 箭头所示。

② 排出所有剩余液压油，并恰当地作废弃处理。

③ 维修泄漏处。

④ 重新装上排油螺栓。

⑤ 拆卸起动机。如果变速器未拆下，则必须拆下起动机来加注液压油。

⑥ 拆下机械电子单元的加油孔螺栓，如图 3-29 箭头所示。

⑦ 通过开口添加 1L 液压油。

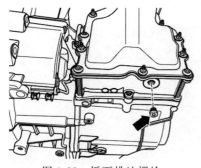
图 3-28　拆下排油螺栓

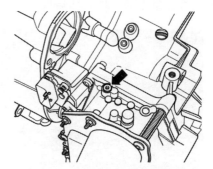
图 3-29　拆下加油孔螺栓

第三节　双离合器的更换

一、湿式双离合器的更换

拆卸和安装离合器时，必须将变速器牢靠地垂直固定在装配台上。离合器封盖用卡环固定在变速器机体上，其作用是将变速器与外界隔离。拆下卡环后，即可从机体中撬出封盖。02E 变速器的封盖与离合器如图 3-30 所示。

提示：

• 装配多片式离合器时要特别小心，所有部件在制造过程中都经过相互之间的平衡。如果在装配过程中旋转了部件，会降低换挡舒适度和缩短行驶里程。

• 如果离合器零件已滑出或摩擦片支架被提升，可以用手稍微旋转大摩擦片支架。

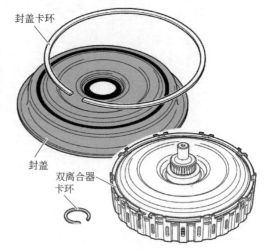
图 3-30　封盖与离合器

• 离合器盖安装后的状态应当与拆卸前新离合器盖的状态是相同的。

① 撬出卡环，然后拆卸离合器封盖，如图 3-31 所示。

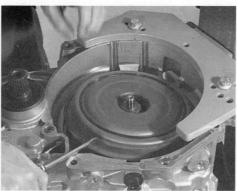
图 3-31　拆卸离合器封盖

② 拆下离合器盖的卡环，然后取出离合器盖，如图 3-32 所示。

图 3-32 拆卸离合器盖

③ 拆卸卡环，然后取出离合器，如图 3-33 所示。

图 3-33 取出离合器

④ 拆下变速器油泵驱动轴 A，如图 3-34 所示。

提示：安装新离合器后方可插入变速器油泵驱动轴。

⑤ 取出新的离合器时按压离合器盖，从而避免离合器盖及其下方的膜片架从内膜片中滑出。

⑥ 将如图 3-35 所示的活塞环平衡地旋转一圈，活塞环必须转动灵活，且活塞环切口不得重叠。

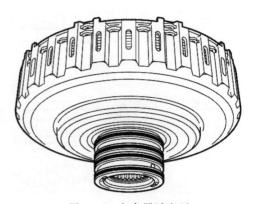

图 3-34 拆下油泵驱动轴　　　　图 3-35 离合器活塞环

⑦ 将固定销（定位销）置于封盖底座上。
⑧ 小心地装入离合器，不要使其自由下落。安装离合器时需要另一位技师握住固定销，如图3-36所示。
⑨ 取下新离合器盖的固定卡环。
⑩ 小心沿箭头方向拆下离合器盖，将它放置一旁，如图3-37所示。

图3-36 装入离合器

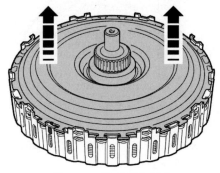

图3-37 拆下离合器盖

⑪ 选择合适的卡环安装到离合器输入轴上。
⑫ 安装变速器油泵驱动轴，同时沿图3-38所示方向稍微旋转它。
⑬ 安装离合器盖，同时使凸缘（箭头B）与标识（箭头A）对齐，如图3-39所示。
⑭ 将新的卡环1装入离合器。

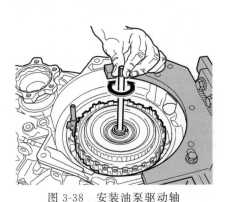

图3-38 安装油泵驱动轴

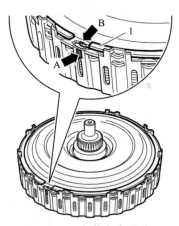

图3-39 安装离合器盖

⑮ 取出固定销，然后安装离合器封盖。

二、干式双离合器的更换

大众速腾轿车0AM变速器干式双离合器的更换方法如下。

1. 双离合器的拆卸

① 拆下齿毂的卡环（箭头），如图3-40所示。
② 用钩子和螺丝刀取出齿毂，如图3-41所示。
③ 拆下离合器卡环（箭头），如图3-42所示。

图 3-40　拆下齿毂的卡环

图 3-41　取出齿毂

④ 如果无法拆下卡环，说明离合器从下面夹住了卡环，可按以下步骤进行拆卸：
- 如图 3-43 所示，安装支撑装置 T10323，使其与变速器安装面平行。
- 用装配工具 T10356/5 补偿间距。
- 用力拧紧螺栓 A。
- 朝着止推块 T10376 方向转动螺杆。
- 拆下离合器卡环，如图 3-42 所示。

图 3-42　拆下离合器卡环

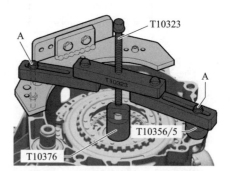

图 3-43　用工具拆离合器卡环

⑤ 如图 3-44 所示，将起拔器 T10373 的螺杆沿逆时针方向拧到最后位置，并将起拔器放到离合器中，顺时针旋转，使其安装到双离合器上。

⑥ 顺时针旋转起拔器的螺杆，拔出双离合器。

⑦ 将离合器和起拔器一同取出，如图 3-45 所示。

图 3-44　安装起拔器

图 3-45　取出离合器和起拔器

⑧ 取出小接合轴承和大接合杆，如图 3-46 所示。

提示： 不能单独拆卸和安装导向套上部件，必须与导向套下部件及小接合杆一同拆卸和安装。

⑨ 拧出螺栓，并取出小接合杆和导向套上部件及下部件，如图 3-47 所示。

图 3-46　取出小接合轴承和大接合杆

图 3-47　取出小接合杆

2. 双离合器的安装

① 安装离合器前，拆卸接合杆上方的盖板，以便在安装过程中观察接合杆的位置，如图 3-48 所示。

② 插入接合杆的塑料固定架，如图 3-49 所示。

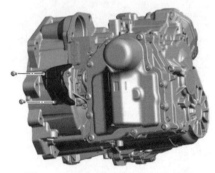
图 3-48　拆卸接合杆上方的盖板

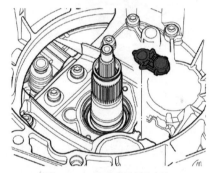
图 3-49　插入塑料固定架

③ 安装小接合杆及其导向套、导向套支架和限位架，如图 3-50 所示。

④ 确认接合杆的正确位置。

⑤ 用 2 个新螺栓紧固导向套支架，拧紧力矩：8N·m＋90°。

⑥ 接合杆的固定架和接合轴承这些部件必须保持干燥，并且不允许沾染变速器油或油脂。如需要，可用干净的抹布先进行清洁。

⑦ 安装大接合杆，如图 3-51 所示。

提示： 大接合杆用于离合器 K1，要与 K1 大接合轴承一起安装。

⑧ 检查两个接合杆的安装位置是否正确。

⑨ 安装小接合轴承的调整垫片及小接合轴承，如图 3-52 所示。

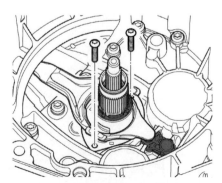
图 3-50　安装小接合杆及其导向套、导向套支架和限位架

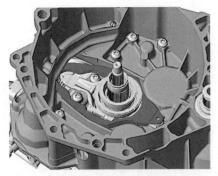

图 3-51 安装大接合杆

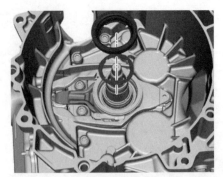

图 3-52 安装小接合轴承

⑩ 通过旋转接合轴承，检查接合轴承的安装是否正确，以及凹槽的安装位置是否正确，如图 3-53 所示。

⑪ 安装大接合轴承的调整垫片，如图 3-54 所示。

提示：安装前在箭头位置，用 3 滴黏合剂固定调整垫片，以防止其滑移。

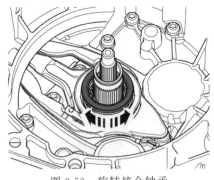

图 3-53 旋转接合轴承

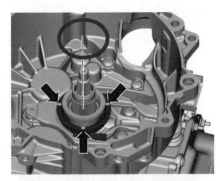

图 3-54 安装大接合轴承调整垫片

⑫ 将起拔器 T10373 的丝杠逆时针旋转到最后位置，如图 3-55 所示。

⑬ 将起拔器插入到双离合器中，顺时针转动起拔器，直到起拔器将双离合器抓紧。

⑭ 将离合器插入到变速器轴上，起拔器能帮助把离合器放入变速器中。

⑮ 将支撑工装 T10323 和安装工具 T10368 安装在变速器上，如图 3-56 所示。

提示：在安装支撑工装 T10323 时，一定要将其水平放置在变速器上。

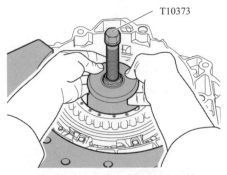

图 3-55 将离合器插入变速器轴

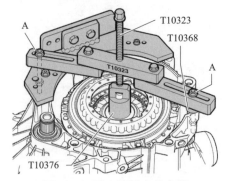

图 3-56 用工具压入离合器

⑯ 将压具 T10376 放置在离合器上，通过旋转支撑工装 T10323 上的螺杆，将离合器压

至安装位置。

⑰ 观察卡环的接口。如果可以安装卡环，则说明离合器已压至限位；如果无法安装卡环，则需再次压入离合器，使其至限位。

⑱ 安装离合器的固定卡环，如图 3-57 所示。

⑲ 握住起拔器 T10373 的螺栓，并用手旋转离合器，使其处于运行位置，如图 3-58 所示。由于离合器已压于轴上，所以离合器只需被拉到触及卡环的位置即可。

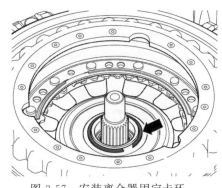

图 3-57　安装离合器固定卡环

提示：须谨慎操作，且只能用手操作不能使用工具。

⑳ 插入齿毂并对齐标记，如图 3-59 所示。

注意：在大轮齿上有一个标记，在安装时把此标记面对发动机侧，不能装反。在安装齿毂时，必须把大轮齿上的标记和从动盘上的标记对齐。

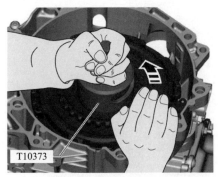

图 3-58　旋转离合器

图 3-59　插入齿毂并对齐标记

㉑ 插入齿毂的卡环（箭头），如图 3-60 所示。

㉒ 如图 3-61 所示左右旋转离合器，在离合器旋转时观察小接合杆。旋转离合器时，小接合杆在其位置上必须保持完全静止，不允许上下移动。

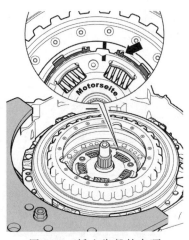

图 3-60　插入齿毂的卡环

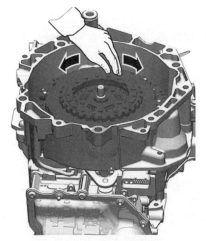

图 3-61　左右旋转离合器

提示：如果小接合杆上下移动，则表明 K2 接合轴承的调整垫片没有正确安装。此时，必须拆下离合器,重新对 K2 接合轴承进行调整。

㉓ 安装变速器后,取下排气孔上的密封塞(箭头),安装排气罩和排气软管。

㉔ 用车辆自诊断、测量与信息系统 VAS 5051B 进行基本测量。

第四节　机械电子装置的拆卸和安装

一、02E 变速器机械电子装置的拆装

02E 湿式双离合器变速器在已拆下时,按以下步骤拆卸和安装机械电子装置。

1. 机械电子单元的拆卸

① 如图 3-62 所示,旋出放油螺塞 A,拆下溢流管,排放齿轮油。

放油螺塞孔内有一根塑料溢流管(用 8mm 内六角扳手拆卸),它的长度决定变速器中齿轮油的油位。

② 如图 3-63 所示,拆卸双离合器变速器机械电子单元的盖板(大盖板)和齿轮油泵的盖板(小盖板)。

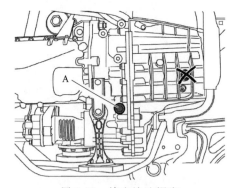

图 3-62　旋出放油螺塞

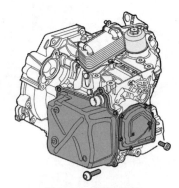

图 3-63　拆卸盖板

③ 如图 3-64 所示,用小螺丝刀 1 小心地松开变速器输入转速传感器/离合器温度传感器的插头。仅用螺丝刀 1 按压锁止装置,不要将其撬出,用螺丝刀 2 松开插头。

④ 如图 3-65 所示,首先脱开下部卡子(箭头Ⅰ)中的导线。

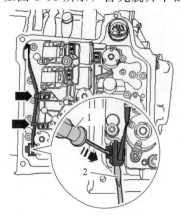

图 3-64　松开传感器插头

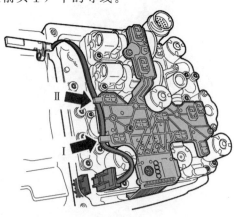

图 3-65　脱开导线

⑤ 再脱开下部卡子（箭头Ⅱ）中的导线并放置在一边，不要弯折导线。
⑥ 按照图 3-66 所示的顺序旋出固定螺栓 1～10。
⑦ 拆下双离合器变速器机械电子单元，如图 3-67 所示。

注意：因为传感器臂比较长，所以拆卸和安装双离合器变速器机械电子单元时要特别注意传感器臂，也不要触及传感器轮。

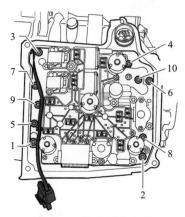

图 3-66　旋出固定螺栓

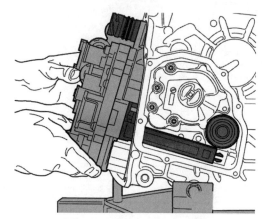

图 3-67　取下机械电子单元

2. 机械电子单元的安装

提示：如果传感器臂损坏（图 3-68 箭头），必须更换双离合器变速器机械电子单元。

① 安装前必须安装变速器输入转速传感器/离合器温度传感器，如图 3-69 所示。

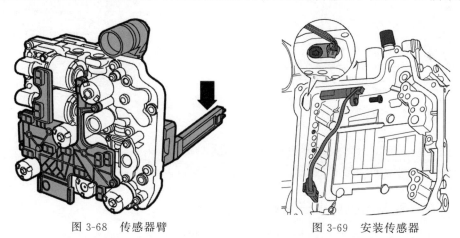

图 3-68　传感器臂　　　　　图 3-69　安装传感器

② 如果再次安装了原来的双离合器变速器机械电子单元，则必须更换连接处的两个 O 形圈，如图 3-70 所示。

③ 用双离合器齿轮油浸润两个 O 形圈。

④ 小心地将双离合器变速器机械电子单元放置在定位销（图 3-71 箭头）上。确保传感器臂位于它的安装位置。

⑤ 用手旋入螺栓 1～10。

⑥ 以对角方式拧紧所有固定螺栓，如图 3-72 所示。然后按照相同的顺序继续旋转 90°。

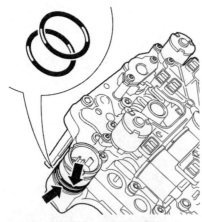
图 3-70　更换 O 形圈

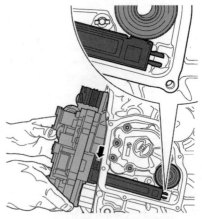
图 3-71　安装机械电子单元

⑦ 首先将变速器输入转速传感器/离合器温度传感器的线束压入卡子（箭头Ⅱ）中，然后压入卡子（箭头Ⅰ）中，如图 3-73 所示。

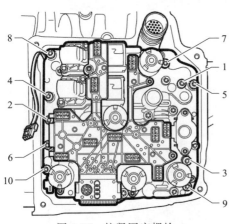
图 3-72　拧紧固定螺栓

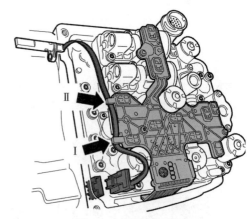
图 3-73　安装传感器

⑧ 将插头插入双离合器变速器机械电子单元。
⑨ 安装齿轮油泵的盖板和油底壳，以对角的方式拧紧盖板螺栓。

二、0AM 变速器机械电子装置的拆装

0AM 干式双离合器变速器在已拆下时，按以下步骤拆卸和安装机械电子装置。

1. 机械电子单元的拆卸

① 排出齿轮油，然后重新装上排油螺栓。
② 拔出排气软管，并用合适的塞子密封防止漏油。
③ 旋出螺栓 1，从变速器上取下盖罩 2，如图 3-74 所示。
④ 用螺丝刀小心地沿箭头方向将变速器输入轴转速传感器 G182 从壳体上脱开，如图 3-75 所示。
⑤ 如图 3-76 所示，将装配杆 T10407 沿箭头方向插入。
提示：要取出机械电子单元，必须将两个接合杆从机械电子单元的挺杆上压出。

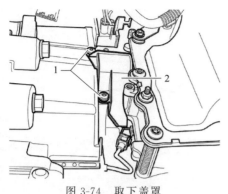
图 3-74 取下盖罩

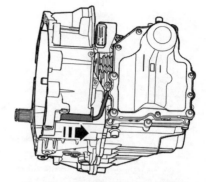
图 3-75 脱开输入轴转速传感器

⑥ 如图 3-77 所示,将装配杆 T10407 插入到变速器外壳的凸起(箭头)与工具的凹槽对齐的位置。

提示:
- 将装配杆 T10407 的背面与变速器外壳全部接触。
- 变速器外壳的凸起与工具的凹槽必须是对齐的。

图 3-76 插入装配杆

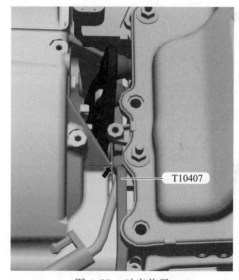
图 3-77 对齐位置

⑦ 如图 3-78 所示,将装配杆 T10407 逆时针方向旋转,将接合杆从挺杆上压出,并将接合杆固定在该位置。

提示: 装配杆 T10407 不要取出,整个过程中始终保留在接合杆和变速器壳体之间。

⑧ 如果有必要,用一把螺丝刀按压装配杆,防止其脱落,如图 3-79 所示。
⑨ 交叉松开螺栓(4 个长的和 3 个短的),如图 3-80 所示。
⑩ 取出机械电子单元,如图 3-81 所示。

如果机械电子单元无法取出,挡位调节器可能钩在变速器壳体的左上部。
- 先将机械电子单元放回变速器壳体,并用 1 个螺栓固定。
- 将换挡杆置于位置 P。
- 拆下防松垫片,如图 3-82 箭头所示。

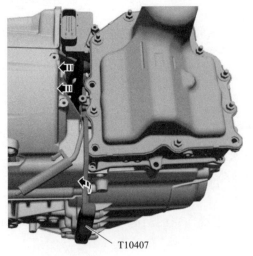

图 3-78 将接合杆从挺杆上压出

图 3-79 按压装配杆

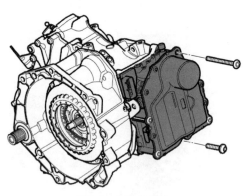

图 3-80 松开螺栓

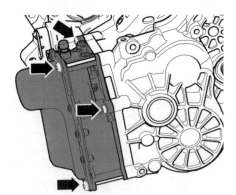

图 3-81 取出机械电子单元

- 从球头上取下拉索。
- 沿图 3-83 箭头方向用手推换挡轴操纵杆，直至限位。

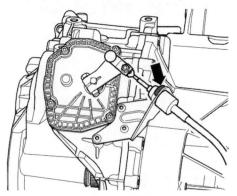

图 3-82 拆下防松垫片

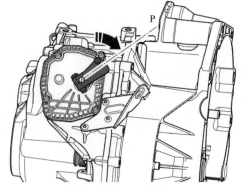

图 3-83 推换挡轴操纵杆

- 拆下换挡轴操纵杆和盖子，如图 3-84 所示。

- 通过开口将换挡拨叉沿图 3-85 箭头方向向左压。通过这种方法，也可以压回钩住的挡位调节器，并可取出机械电子单元。

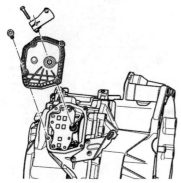

图 3-84　拆下操纵杆和盖子

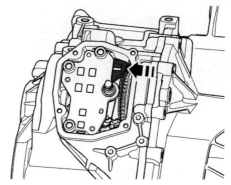

图 3-85　按压换挡拨叉

2. 机械电子单元的安装

① 安装前使装配杆 T10407 插在离合器操纵杆和变速器壳体之间，顶开离合器操纵杆，如图 3-86 所示。

② 逐个检查 4 个换挡拨叉，依次将换挡拨叉挂入每个位置一次。挂出所有挡位，并再次挂入中间位置（空挡）。如图 3-87 所示。

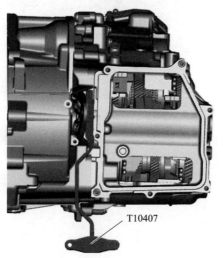

图 3-86　顶开离合器操纵杆

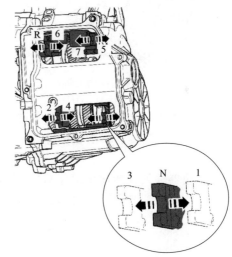

图 3-87　挂入中间挡位

③ 清洁机械电子单元的密封表面，并检查密封件是否粘牢。
④ 注意机械电子单元上的离合器推杆。
⑤ 用合适的塞子密封机械电子单元上的排气孔，防止漏油。
⑥ 将导向销 T10406 拧入图 3-88 中所示的螺栓孔中。
导向销在安装机械电子单元时可以用作导轨。将挡位调节器插入换挡拨叉的开口中。
⑦ 注意换挡轴操纵杆。
⑧ 通过导向销 T10406，安装机械电子单元，如图 3-89 所示。
⑨ 用手拧紧除导向销之外的其他螺栓。

图 3-88 安装导向销

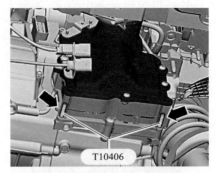

图 3-89 安装机械电子单元

⑩ 取出导向销,并拧紧其他新的固定螺栓(共 7 个),如图 3-90 所示。拧紧力矩:10N·m。

⑪ 向外拉推杆,直至推杆位于定位槽中,如图 3-91 所示。

图 3-90 拧紧新的固定螺栓

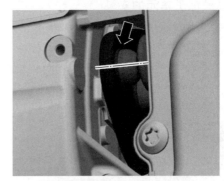

图 3-91 推杆位于定位槽中

⑫ 再次检查推杆的位置。推杆位置错误会导致机械电子单元损坏。

⑬ 将固定离合器接合杆的装配杆 T10407 缓慢地取出,并将两个离合器接合杆安装到挺杆上。

⑭ 将变速器输入轴转速传感器 G182 安装到变速器壳体上,如图 3-75 所示。

第四章

动力传递机构

第一节 传动轴

一、传动轴的结构与工作原理

传动轴通常布置在前置后驱车型或四轮驱动车型上，用于将变速器或分动器输出的动力传动至驱动桥。传动轴在前置后驱车辆上的布置如图 4-1 所示。

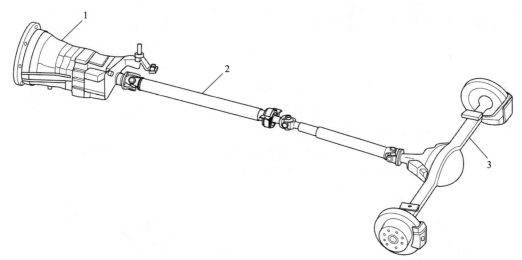

图 4-1　传动轴在前置后驱车辆上的布置
1—变速器；2—传动轴；3—后桥

传动轴的结构如图 4-2 所示。传动轴由轴管、伸缩套和前、后两个十字万向节等组成。伸缩套能自动调节变速器与驱动桥之间距离的变化，万向节能调节变速器输出轴与驱动桥输入轴两轴线夹角的变化，并实现两轴的等角速传动。万向节是汽车传动轴上的关键部件，在前置发动机后轮驱动的车辆上，常采用两个十字万向节来实现等角速传动；而前置发动机前轮驱动的车辆省略了传动轴。

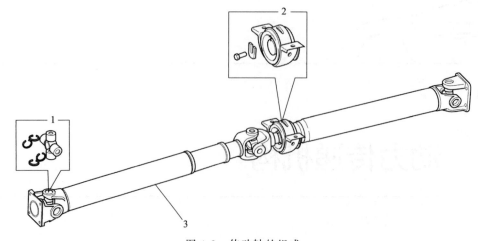

图 4-2 传动轴的组成

1—十字轴总成；2—中间支撑总成；3—传动轴（包含伸缩套）

二、传动轴的检修

① 检查传动轴管表面是否有凹坑或裂纹。如果发现故障，则更换传动轴总成。

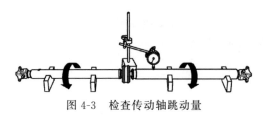

图 4-3 检查传动轴跳动量

② 检查传动轴和凸缘叉是否损坏，用千分表在测量点处检查传动轴的跳动情况（图4-3）。如有损坏或径向跳动超出限定值，应更换传动轴或凸缘叉。

③ 如怀疑万向节有"咔嗒"声或振动声，应检查万向节是否磨损。如图4-4所示，检查万向节叉内的十字轴是否磨损或花键是否磨损。用新的传动轴更换有噪声的传动轴。万向节噪声很容易与其他噪声区分，因为"咔嗒"声或振动声的节奏与常速行驶步调一致。特别是在静止启动或惯性滑行状态下（动力传动中出现发动机脱开时），这种噪声尤其明显。

④ 如图4-5所示，上下左右移动中间轴承附近的轴（轴向和与轴成直角），检查中间轴承是否有噪声和损坏。如果发现故障，则更换传动轴总成。

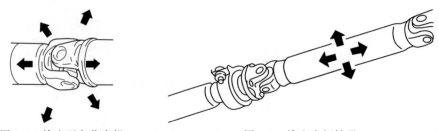

图 4-4 检查万向节磨损　　　　图 4-5 检查中间轴承

三、传动轴的拆卸

① 将车辆举升至一个适合操作的高度。

② 拆下隔热垫、曲管 1 等遮挡部件，如图 4-6 所示。
③ 在传动轴轴叉和分动器/变速器配对法兰上作匹配标记 A，如图 4-7 所示。

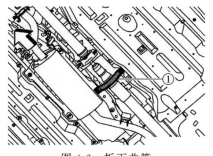
图 4-6 拆下曲管

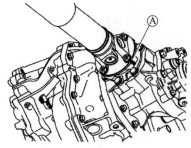
图 4-7 作匹配标记

④ 在传动轴法兰轴叉和联轴器上作出匹配标记 A，如图 4-8 所示。
⑤ 松开中间轴承固定支架的装配螺母，如图 4-9 所示。
注：临时拧紧螺母以防传动轴掉落。

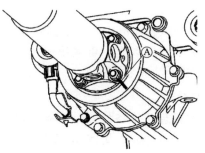
图 4-8 在联轴器上作匹配标记

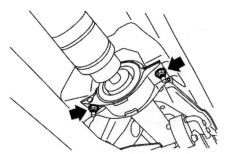
图 4-9 松开中间轴承螺母

⑥ 拆下传动轴总成固定螺栓，并从分动器配对法兰上分开传动轴总成，如图 4-10 所示。
⑦ 拆下传动轴总成固定螺母，然后从主减速器的电控联轴器上分开传动轴总成，如图 4-11 所示。

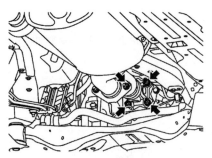
图 4-10 拆下传动轴总成固定螺栓

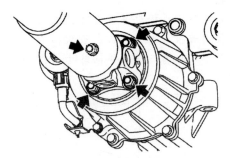
图 4-11 分开传动轴总成

⑧ 拆下中间轴承安装支架固定螺母。
⑨ 拆下传动轴总成。

四、十字轴的更换

1. 十字轴的拆卸

注意：不要使用台虎钳直接固定传动轴，压痕或局部裂痕可能导致传动轴在车辆使用中失效。

① 在更换十字轴的万向节处标记配合位置线，如图4-12所示。
② 用榔头以及冲头敲击弹性挡圈，使之松动。
③ 用尖嘴钳取出4个弹性挡圈，如图4-13所示。

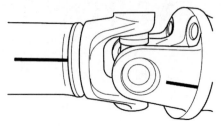

图4-12　标记配合位置线

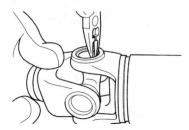

图4-13　取出弹性挡圈

④ 用榔头敲击万向节叉，通过十字轴的反向力将轴承碗顶出，如图4-14所示。

⑤ 将顶出的轴承碗取出，重复第④步将其余3个轴承碗取出，并拆下十字轴。

2. 十字轴的安装

① 将十字轴修理包准备好，轴承碗内滚针排列整齐且无缺失，检查并确保万向节叉耳孔内壁光滑清洁。

② 将轴承碗置于一端万向节叉耳孔外侧，十字轴置入耳孔处并将其插入轴承碗内，如图4-15所示。

图4-14　敲出轴承碗

③ 如图4-16所示，使用榔头配合冲头将轴承碗从耳孔外侧敲入，直至锁圈槽刚能露出的深度，使用尖嘴钳装入弹性挡圈。

注意：
- 安装完毕后检查并确保弹性挡圈在锁圈槽内及回弹到位。
- 轴承碗推入过程中如遇较大阻力，需立即停止推入，并检查十字轴与轴承碗配合是否准确以及十字轴与万向节叉间的干涉情况。

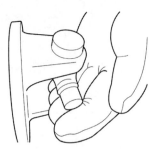

图4-15　安装十字轴

图4-16　敲入轴承碗

④ 翻转万向节叉180°，重复上述步骤安装另一侧轴承碗及挡圈。注意推入过程中必须摆动十字轴，以防止十字轴与轴承碗之间卡滞。

⑤ 将十字轴剩余两端轴颈置于另一端万向节叉耳孔处，重复上述步骤安装另外两侧轴承碗及挡圈。安装时注意万向节叉处的标记位置，保证二者对齐。

⑥ 安装完毕后，向四个方向摆动万向节，检查摆动是否灵活。如果摆动转矩过大或有卡滞感，使用橡胶锤锤击卡滞轴承碗的万向节叉耳孔外侧。

五、传动轴中间支撑的更换

① 标记传动轴与转向节叉的安装位置，如图4-17所示。

② 用一字螺丝刀撬起锁紧垫片。

③ 用止推长杆止转传动轴，并用扳手拧松固定中间支撑的螺栓，如图4-18所示。

④ 取出U形垫片，拔出转向节叉和中间支撑。

⑤ 安装时，装入中间支撑后，安装锁紧垫片和螺栓到花键轴套中，再装入转向节叉轴孔中，如图4-19所示。

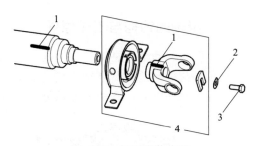

图4-17 标记安装位置
1—对齐标记；2—锁紧垫片；3—螺栓；
4—中间支撑与传动轴节叉

⑥ 对准转向节叉与传动轴的安装位置标记。

⑦ 用一字螺丝刀撬开锁紧垫片，同时插入新的U形垫片，如图4-20所示。

⑧ 用止推长杆止转传动轴，并用扳手拧紧中间支撑的螺栓，拧紧转矩为35~50N·m，如图4-21所示。

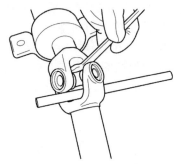

图4-18 拧松中间支撑螺栓

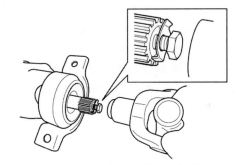

图4-19 安装锁紧垫片和螺栓

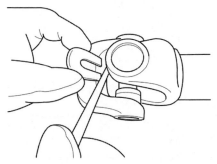

图4-20 插入新的U形垫片

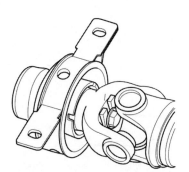

图4-21 拧紧中间支撑螺栓

⑨ 用尖头锥向外翻起锁紧垫片。
⑩ 用平头锥敲平锁紧垫片的翻边。

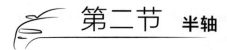 第二节 半轴

一、半轴的结构与工作原理

半轴也叫驱动轴，是驱动桥中的差速器与驱动轮之间传递转矩的实心轴或空心轴，其内端一般通过花键与差速器半轴齿轮连接，外端与轮毂连接。如图 4-22 所示，轿车的半轴总成主要由三大件组成，分别为外球笼、中间轴、内球笼。

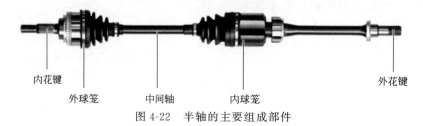

图 4-22 半轴的主要组成部件

如图 4-23 所示，驱动轴是带有三销轴总成和等速万向节总成的刚性轴，一整体式带滚柱轴承及轴承支座固定在发动机气缸体的后端，另一整体式轴安装在左边，与差速器相连。三销轴总成有三个脚，带球状衬垫，以减少滑动阻力，中间轴和三销节在一起是一个总成。等速万向节总成是球笼型，以花键与中间轴连接，由一个钢丝挡圈固定。万向节内充满润滑油脂，并有橡胶护套保护。驱动轴还配有驱动轴减振圈，减振圈能降低由驱动轴的旋转所产生的振动。

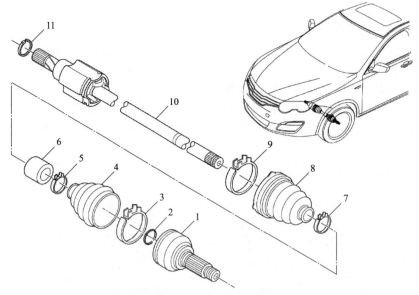

图 4-23 驱动轴的结构
1—左等速万向节总成；2—等速万向节钢丝挡圈；3,9—卡箍（大）；4—等速万向节护套；5,7—卡箍（小）；6—驱动轴减振圈；8—三销轴总成护套；10—左三销轴总成；11—弹簧挡圈

对于前置前驱车辆，前驱动半轴连接前桥与车轮，传递转矩。其中，内侧三销式万向节能够沿轴向移动。半轴除正常传动转矩外，其轴线位置还会经常发生改变，以适应汽车转向及车轮跳动的需要。半轴工作时承受扭转和冲击力的作用，其工作条件恶劣，因而其损伤的主要形式表现为弯曲变形、扭曲断裂、万向节磨损松旷、中间支撑轴承磨损及防尘罩破裂等。

二、左前驱动轴总成的更换

① 拆卸左前车轮。
② 拆卸左前驱动轴自锁螺母。
③ 拆下转向横拉杆球头的定位销1，如图4-24所示。
④ 旋出转向横拉杆球头与前转向节的固定螺母（箭头）。
⑤ 如图4-25所示，用球头拆卸工具1将转向横拉杆球头从前转向节上压出，并脱开转向横拉杆球头2的连接。

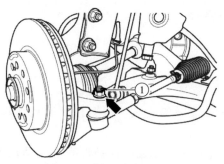
图4-24 拆下球头定位销

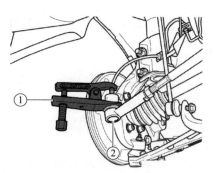
图4-25 压出横拉杆球头

⑥ 旋出前下臂总成与前转向节连接的固定螺母，如图4-26所示。
⑦ 如图4-27所示，用前下臂球头拆卸工具1将前下臂球头从前转向节上压出，并脱开连接。

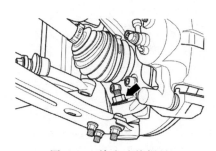
图4-26 旋出连接螺母

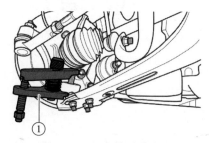
图4-27 压出前下臂球头

⑧ 如图4-28所示，使用传动轴拆卸工具将左前驱动轴总成1从转向节中压出。
⑨ 使用撬棒将左前驱动轴总成从差速器中撬出，如图4-29所示。
注意：不要将三销式万向节拉出壳体。
⑩ 使用差速器油封堵塞差速器孔，防止变速器润滑油流出。
⑪ 安装大体以倒序进行，同时注意下列事项：
• 将新的钢丝挡圈装入驱动轴的轴颈上。

- 将驱动轴的花键和变速器的内花键啮合少许。
- 用手抓住驱动轴,用"急撞方式"将驱动轴推入到变速器中,并将其推到止位。
- 拧紧驱动轴自锁螺母。

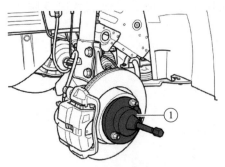

图 4-28　压出左前驱动轴

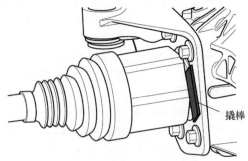

图 4-29　撬出左前驱动轴

三、等速万向节和等速万向节防尘罩的更换

1. 拆卸

① 拆卸驱动轴总成,具体见驱动轴的更换。

② 把驱动轴夹装到台虎钳上。

③ 如图 4-30 所示,拆下固定端防尘罩的两侧卡箍(箭头 A、箭头 B),尽可能将固定端防尘罩 1 向内侧推。

④ 将等速万向节与中间实轴对齐,使用锤子敲击铜棒端面,使钟形壳从驱动轴中脱出,取下等速万向节和防尘罩,如图 4-31 所示。

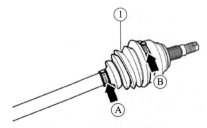

图 4-30　拆下防尘罩卡箍

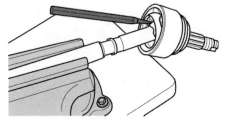

图 4-31　敲击等速万向节

⑤ 从驱动轴上取下卡环并废弃,如图 4-32 所示。

2. 安装

① 通过夹箍(小)将防尘罩固定至中间实轴,将其端部安装在两条沟槽外侧,如图 4-33 所示。

② 在中间实轴上安装新的卡环。

③ 用提供的润滑脂填满等速万向节,把多余的润滑脂涂到等速万向节防尘罩内。

④ 将中间实轴完全压入等速万向节中。

⑤ 清洁防尘罩和等速万向节的结合处,并固定防尘罩夹箍(大)。

⑥ 保证等速万向节从各个方向自由旋转时,不干涉防尘罩。

⑦ 安装驱动轴,具体见驱动轴的安装。

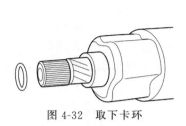
图 4-32 取下卡环

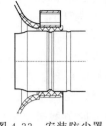
图 4-33 安装防尘罩

四、三销式万向节和三销式万向节防尘罩的更换

1. 拆卸

① 拆下驱动轴,具体见驱动轴的更换。
② 把驱动轴夹装到台虎钳上。
③ 如图 4-34 所示,拆下两个移动端卡箍(箭头 A、箭头 B),把移动端防尘罩 1 向驱动轴里面推。
④ 取下驱动轴中间实轴。
⑤ 用尖头钳取下中间实轴轴端的卡簧并弃用,如图 4-35 所示。

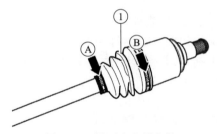
图 4-34 拆下防尘罩卡箍

图 4-35 取下轴端卡簧

⑥ 从中间实轴上取下三销节和防尘罩。

2. 安装

① 清洁中间实轴、三销轴和护套。
② 防尘罩通过新的夹箍(小)安装到中间实轴上,将其端部安装在两条沟槽外侧。
③ 把三销节定位到中间实轴上。
④ 把新的卡簧装到中间实轴轴端。
⑤ 用提供的润滑脂填满三销式万向节,把多余的润滑脂涂到等速万向节防尘罩内。
⑥ 将中间实轴完全装入三销式万向节中。
⑦ 清洁防尘罩和三销式万向节的结合处,并固定防尘罩夹箍(大)。
⑧ 保证三销式万向节从各个方向自由旋转时,不干涉防尘罩。
⑨ 安装驱动轴,具体见驱动轴的安装。

五、半轴的检修

① 检查半轴弯曲变形。半轴弯曲时,可将半轴夹在车床上,用千分表抵在半轴中间处

测量，若摆差超过 2mm 时，应进行冷压校正或更换半轴。

② 目视检查半轴万向节磨损状况。万向节严重磨损会使半轴工作状况变坏，因而应对其磨损状况进行重点检查。可采用就车检查或拆卸检查的方式进行。

• 就车检查方法：使汽车慢行并将转向盘打到底，若出现金属的撞击声，则可能是半轴外侧万向节磨损松旷所致；若汽车在加速时，明显感到振动，则可能是半轴内侧万向节磨损松旷所致；停车后，将汽车举起固定，在车底下用手晃动半轴并转动车轮，感觉有松旷及撞击现象，则表明万向节磨损松旷。

• 拆卸检查方法：检查时，将半轴夹在台虎钳上，按照图 4-36 箭头所示的方向来回拧动半轴两端，若在万向节的径向方向有明显的间隙感，则说明该万向节磨损严重。

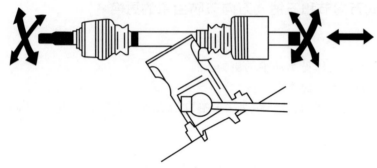

图 4-36　检查半轴万向节磨损情况

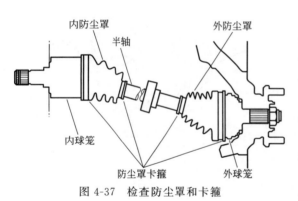

图 4-37　检查防尘罩和卡箍

③ 半轴有裂纹、断裂现象，或出现明显的扭曲，应立即更换半轴总成；若半轴上油封颈磨损过度，或出现明显沟槽时，应更换半轴。

④ 检查中间支撑轴承。中间支撑轴承应转动顺畅，无明显间隙，无异响；若中间支撑轴承内外滚道受损、卡滞或者间隙过大，则应予以更换。

⑤ 检查防尘罩。如图 4-37 所示，检查半轴上的内防尘罩和外防尘罩是否有裂纹、损坏、润滑脂泄漏和防尘罩卡箍松动。如有任何损坏，更换防尘罩和防尘罩箍带。

第三节　主减速器与差速器

一、主减速器的结构与工作原理

主减速器总成的功用是将输入的转矩增大并降低转速，以及当发动机纵置时还能改变转矩旋转方向（90°），保证汽车有足够的驱动力和适当的速度。差速器的功用是当汽车转弯行驶或在不平路面上行驶时，使左右驱动车轮以不同的转速滚动，即保证两侧驱动车轮做纯滚动运动。主减速器总成的结构如图 4-38 所示。

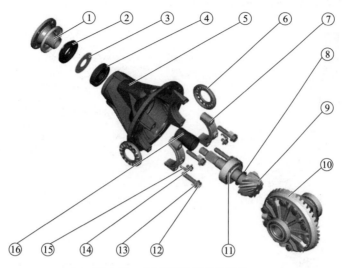

图 4-38 主减速器总成的结构

1—主齿凸缘；2—主齿油封；3—挡油环；4—主齿前轴承；5—主减速器壳；6—差速器调整螺母；7—差速器轴承压盖；8—主齿调整垫片；9—主动齿轮；10—差速器总成（带轴承）；11—主齿后轴承；12—差速器轴承压盖螺栓；13—差速器轴承压盖螺栓锁片；14—差速器调整螺母锁片；15—差速器调整螺母锁片螺栓；16—主齿轴承隔套

整体式后桥主减速器总成壳体是与桥壳分开的，主减速器及差速器都安装在主减速器壳体上，然后作为一个已安装、调整好的独立总成插入整体式桥壳内。断开式后桥无驱动桥壳，主减速器通过附件（纵、横支撑）直接与车架相连，如图 4-39 所示。

下面以丰田汉兰达为例，说明后桥主减速器油油位的检查与调整，差速器的拆解、检查与调整及重新组装的方法。

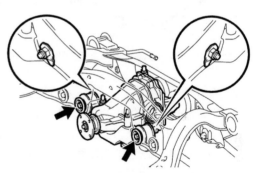

图 4-39 主减速器的安装位置

二、后桥主减速器油的检查与调整

① 将车辆停放在平坦路面上。

② 拆下主减速器注油螺塞和衬垫。

③ 检查并确认油面在主减速器注油螺塞开口内表面最低位置 5mm 以内，如图 4-40 所示。

④ 油位过低时，检查油是否泄漏。

⑤ 添加主减速器油至规定位置。

⑥ 用六角扳手（10mm）安装主减速器注油螺塞和新衬垫，如图 4-41 所示。

三、后桥主减速器的拆解

① 拆卸后差速器支架盖。

- 如图 4-42 所示，从后差速器支架盖上拆下 8 个螺栓。
- 用铜棒和锤子从后差速器支架总成上分离后差速器支架盖。

② 从后差速器支架盖上拆下后差速器通气塞，如图 4-43 所示。

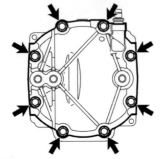

图 4-40 主减速器油油位

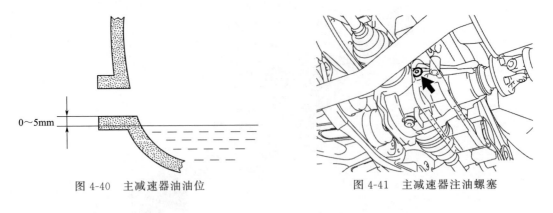

图 4-41 主减速器注油螺塞

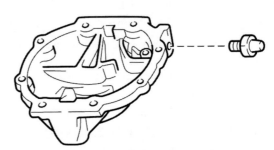

图 4-42 拆下后差速器支架盖螺栓　　图 4-43 拆下后差速器通气塞

③ 如图 4-44 所示，用百分表检查差速器齿圈的轴向跳动。如果轴向跳动超过规定的最大值（0.07mm），则拆下齿圈并检查差速器壳的轴向跳动。

④ 如图 4-45 所示，用百分表检查差速器齿圈的齿隙。如果齿隙不在规定范围（0.13～0.18mm）内，则调整侧轴承预紧力或根据需要进行维修。

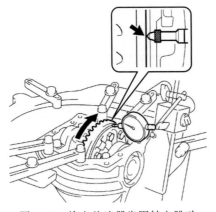
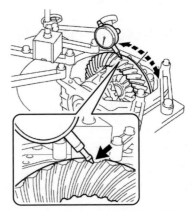

图 4-44 检查差速器齿圈轴向跳动　　图 4-45 检查差速器齿圈的齿隙

⑤ 检查齿圈和主动小齿轮间的齿接触情况（重新组装时会提到）。

⑥ 检查差速器行星齿轮和半轴齿轮齿隙。

将其中一个差速器行星齿轮固定在差速器壳总成上的同时，用百分表检查差速器行星齿轮和差速器半轴齿轮齿隙，如图 4-46 所示。如果齿隙不在规定范围（0.05～0.20mm）内，则安装 2 个不同厚度的差速器半轴齿轮止推垫圈。

提示：在后差速器行星齿轮轴安装的情况下，测量差速器半轴齿轮齿隙。

⑦ 如图 4-47 所示，用百分表分别垂直和水平测量后主动小齿轮结合法兰分总成的径向跳动和轴向跳动。如果径向跳动和轴向跳动大于最大值，则更换后主动小齿轮结合法兰分总成。

A：30mm。最大径向跳动和轴向跳动：0.10mm。

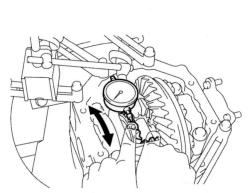

图 4-46　检查行星齿轮和半轴齿轮齿隙

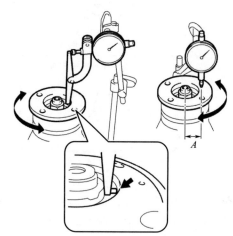

图 4-47　检查后主动小齿轮结合法兰分总成

⑧ 如图 4-48 所示，用转矩扳手测量差速器主动小齿轮的初始预紧力。如果预紧力不在规定范围（0.6～0.9N·m）内，则调节总预紧力或根据需要进行维修。

⑨ 用转矩扳手测量总预紧力。如果总预紧力不在规定范围（主动小齿轮预紧力加上 0.3～0.5N·m）内，则调节总预紧力或根据需要进行维修。

⑩ 如图 4-49 所示，用 SST（专用工具）从后差速器支架分总成上拆下 2 个后差速器半轴齿轮轴油封。

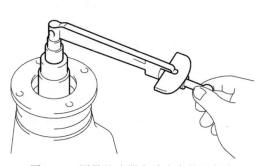

图 4-48　测量差速器主动小齿轮预紧力

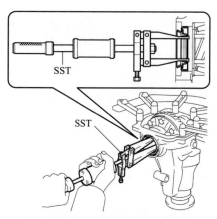

图 4-49　拆下后差速器半轴油封

⑪ 拆卸后主动小齿轮螺母。

• 如图 4-50 所示，用 SST 和锤子松开后主动小齿轮螺母的锁紧部件。

- 如图4-51所示，用SST固定后主动小齿轮结合法兰分总成，拆下后主动小齿轮螺母。

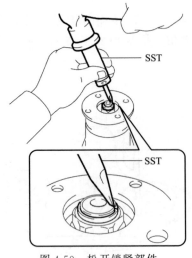

图4-50 松开锁紧部件

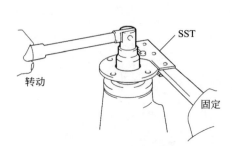

图4-51 拆下后主动小齿轮螺母

⑫ 如图4-52所示，拆卸后主动小齿轮结合法兰分总成。

⑬ 如图4-53所示，用SST和压力机拆下后差速器防尘罩。

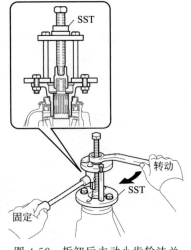

图4-52 拆卸后主动小齿轮法兰

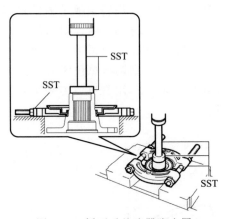

图4-53 拆下后差速器防尘罩

⑭ 如图4-54所示，用SST拆下后差速器支架油封。

⑮ 拆卸后差速器主动小齿轮挡油圈。

⑯ 如图4-55所示，用SST从差速器主动小齿轮上拆下后主动小齿轮前滚锥轴承（内座圈）。

⑰ 拆卸后差速器主动小齿轮轴承隔垫。

⑱ 拆卸后差速器壳。

- 在后差速器轴承盖和后差速器支架分总成上做好装配标记。
- 拆下4个螺栓和2个后差速器轴承盖，如图4-56所示。

- 用 SST 和锤子拆下 2 个后差速器半轴齿轮轴平垫圈，如图 4-57 所示。

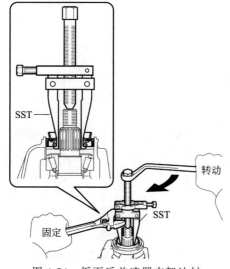

图 4-54 拆下后差速器支架油封

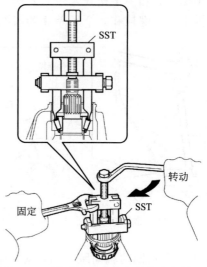

图 4-55 拆下后主动小齿轮前滚锥轴承

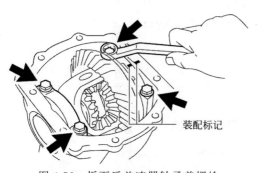

图 4-56 拆下后差速器轴承盖螺栓

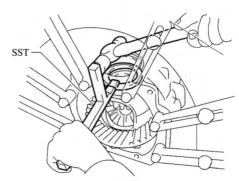

图 4-57 拆下半轴齿轮轴平垫圈

- 如图 4-58 所示，从差速器支架上拆下后差速器壳和 2 个后差速器壳轴承（外座圈）。

提示：在 2 个后差速器壳轴承外座圈上做好标签，以显示其装配位置。

⑲ 拆下差速器主动小齿轮。

⑳ 拆卸后主动小齿轮后滚锥轴承。

- 用 SST 和压力机从差速器主动小齿轮上拆下后主动小齿轮后滚锥轴承（内座圈）。
- 拆下后差速器主动小齿轮平垫圈。

㉑ 如图 4-59 所示，用铜棒和锤子从后差速器支架分总成上拆下后主动小齿轮前滚锥轴承（外座圈）。

㉒ 用铜棒和锤子从后差速器支架分总成上拆下后主动小齿轮后滚锥轴承（外座圈）。

㉓ 拆卸差速器齿圈。

- 在差速器齿圈和后差速器壳上做好装配

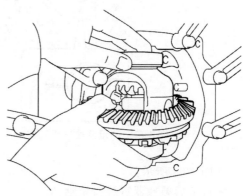

图 4-58 取下差速器部件

标记，如图 4-60 所示。
- 用螺丝刀和锤子松开 4 个后差速器齿圈固定螺栓锁止板。
- 拆下 8 个螺栓和 4 个后差速器齿圈固定螺栓锁止板。

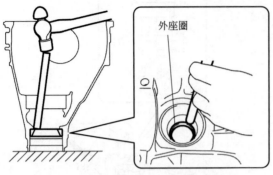

图 4-59 取下后主动小齿轮前滚锥轴承

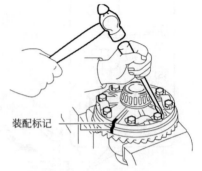

图 4-60 拆卸差速器齿圈

㉔ 差速器齿圈的轴向跳动超过规定的最大值时，检查后差速器壳的轴向跳动。
- 将后差速器壳安装到后差速器支架分总成上。
- 用 4 个螺栓安装后差速器左、右轴承盖。
- 用百分表测量差速器壳轴向跳动，如图 4-61 所示。

如果轴向跳动大于最大值（0.07mm），则用新的差速器壳更换。
- 拆下后差速器壳。

㉕ 拆卸后差速器壳轴承（左侧）。

㉖ 拆卸后差速器壳轴承（右侧）。

㉗ 拆卸后差速器行星齿轮轴。
- 用尖冲头（5mm）和锤子拆下后差速器行星齿轮轴直销，如图 4-62 所示。

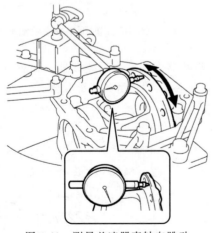

图 4-61 测量差速器壳轴向跳动

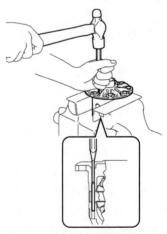

图 4-62 拆下行星齿轮轴直销

如图 4-63 所示：
- 拆下后差速器行星齿轮轴 A。
- 拆下 2 个差速器行星齿轮 B。
- 拆下 2 个后差速器行星齿轮止推垫圈 C。

- 拆下 2 个差速器半轴齿轮 D。
- 拆下 2 个 1 号后差速器半轴齿轮止推垫圈 E。

㉘ 检查并确认差速器行星齿轮和差速器半轴齿轮没有损坏。如果差速器行星齿轮或差速器半轴齿轮损坏，则用新的更换。

㉙ 检查并确认差速器壳无损坏。如果差速器壳损坏，则将其更换。

四、后桥主减速器的重新组装

① 安装后差速器行星齿轮轴。
- 如图 4-64 所示，将 2 个后差速器半轴齿轮止推垫圈安装到 2 个半轴齿轮上。
- 将 2 个差速器半轴齿轮、2 个差速器行星齿轮、2 个后差速器行星齿轮止推垫圈和后差速器行星齿轮轴安装到后差速器壳上。

提示：将后差速器壳的孔和后差速器行星齿轮轴对准。

② 调整差速器行星齿圈齿隙。
- 将其中一个差速器行星齿轮固定在后差速器壳上的同时，测量差速器半轴齿轮齿隙，如图 4-65 所示。

如果齿隙不在规定范围（0.05～0.20mm）内，则安装 2 个不同厚度的 1 号后差速器半轴齿轮止推垫圈。

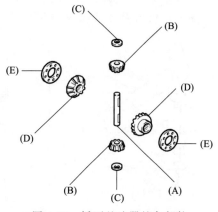

图 4-63 拆下差速器的各部件

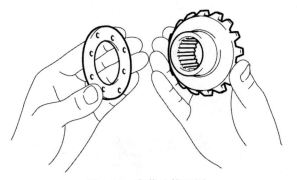

图 4-64 安装止推垫圈

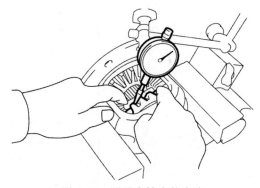

图 4-65 测量半轴齿轮齿隙

- 用尖冲头（5mm）和锤子通过差速器壳和后差速器行星齿轮轴的孔安装后差速器行星齿轮轴直销，如图 4-66 所示。
- 用冲子和锤子锁紧后差速器壳销孔的外侧。

③ 安装差速器齿圈。
- 清洁后差速器壳和差速器齿圈的接触面。
- 将差速器齿圈在沸水里加热至约 100℃。
- 将差速器齿圈小心地从沸水中取出。
- 待差速器齿圈上的水分完全蒸发后，迅速将差速器齿圈安装到后差速器壳上。
- 对准差速器齿圈和后差速器壳上的装配标记，如图 4-67 所示。
- 暂时安装 4 个新的后差速器齿圈固定螺栓锁止板和 8 个螺栓。

- 待差速器齿圈完全冷却后，均匀紧固这 8 个螺栓。

提示： 以对角方式每次将螺栓紧固少许，直至螺栓全部紧固。

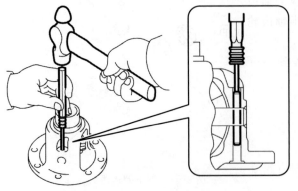

图 4-66 安装行星齿轮轴直销

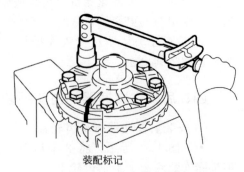

图 4-67 对准装配标记

- 用冲子和锤子锁紧 4 个后差速器齿圈固定螺栓锁止板。

④ 用 SST 和压力机将后差速器壳轴承（右侧）安装到后差速器壳上，如图 4-68 所示。

⑤ 用同样的方法安装后差速器壳轴承（左侧）。

⑥ 检查差速器齿圈的轴向跳动。

- 将后差速器壳安装到后差速器支架分总成上，并安装 2 个后差速器半轴齿轮轴平垫圈，以使轴承无游隙。

- 如图 4-69 所示，对齐轴承盖和差速器支架上的装配标记，并安装 2 个轴承盖。

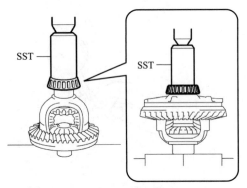

图 4-68 安装后差速器壳轴承（右侧）

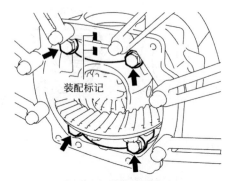

图 4-69 对齐装配标记

- 用 4 个螺栓紧固后差速器轴承盖。
- 用百分表测量差速器齿圈的轴向跳动。

如果轴向跳动超过规定的最大值（0.07mm），则拆下齿圈并检查差速器壳的轴向跳动。

- 拆下 2 个后差速器轴承盖、2 个后半轴齿轮轴平垫圈和差速器壳总成。

⑦ 用 SST 和压力机将后主动小齿轮前滚锥轴承（外座圈）安装到后差速器支架分总成上，如图 4-70 所示。

⑧ 安装后主动小齿轮后滚锥轴承。

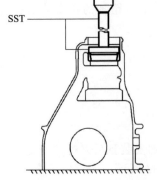

图 4-70 安装后主动小齿轮前滚锥轴承

- 用 SST 和压力机将后主动小齿轮后滚锥轴承（外座圈）安装到后差速器支架分总成上，如图 4-71 所示。
- 将后差速器主动小齿轮平垫圈安装到差速器主动小齿轮上，如图 4-72 所示。

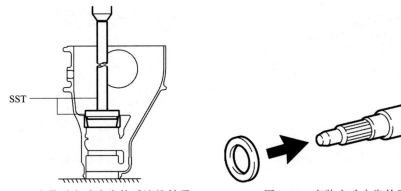

图 4-71 安装后主动小齿轮后滚锥轴承　　图 4-72 安装主动小齿轮平垫圈

- 用 SST 和压力机将后主动小齿轮后滚锥轴承（内座圈）安装到差速器主动小齿轮上。

⑨ 调整差速器主动小齿轮预紧力。

- 安装差速器主动小齿轮和后主动小齿轮前滚锥轴承，如图 4-73 所示。
- 将后差速器主动小齿轮挡油圈安装到差速器主动小齿轮上，如图 4-74 所示。

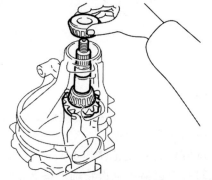 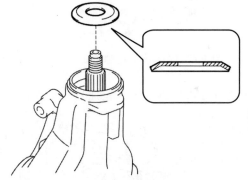

图 4-73 安装主动小齿轮和前滚锥轴承　　图 4-74 安装挡油圈

- 安装后主动小齿轮结合法兰分总成。
- 在新的后主动小齿轮螺母的螺纹上涂抹准双曲面齿轮油。
- 用 SST 固定后主动小齿轮结合法兰，紧固后主动小齿轮螺母，如图 4-75 所示。
- 用转矩扳手测量主动小齿轮预紧力。

⑩ 如图 4-76 所示，安装后差速器壳。将 2 个后差速器壳轴承（外座圈）安置在相应的轴承上，确保左、右座圈没有互换。

⑪ 调整差速器齿圈齿隙。

- 用 4 个螺栓安装左、右轴承盖，如图 4-77 所示。

提示：使用新的差速器壳轴承时，选择比拆下的后差速器半轴齿轮轴平垫圈更薄的平垫圈；如果重复使用侧轴承，则选择与拆下的后差速器半轴齿轮轴平垫圈有相同厚度的平垫圈。

- 用 SST 和塑料锤敲入新的后差速器半轴齿轮轴平垫圈，如图 4-78 所示。

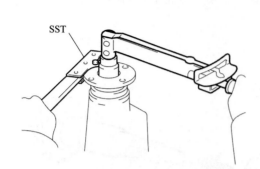
图 4-75 紧固后主动小齿轮螺母

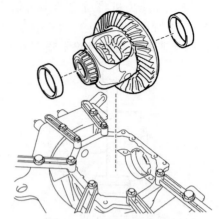
图 4-76 安装后差速器壳

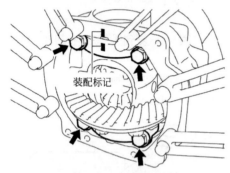
图 4-77 安装左、右轴承盖

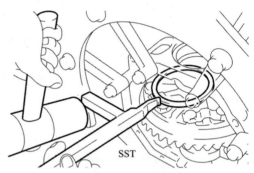
图 4-78 敲入半轴齿轮轴平垫圈

- 将百分表垂直安置在差速器齿圈表面端部，如图 4-79 所示。

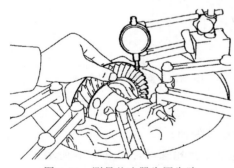
图 4-79 测量差速器齿圈齿隙

- 固定后主动小齿轮结合法兰分总成的同时，转动差速器齿圈并测量齿隙。

如果测量值超出规定范围（0.13～0.18mm），则选择合适的后差速器半轴齿轮轴平垫圈，使差速器齿圈齿隙在规定范围内，并将平垫圈安装到差速器齿圈背面。

⑫ 调节总预紧力。

- 调整差速器齿圈齿隙后，拆下齿圈背侧后差速器半轴齿轮轴平垫圈。
- 使用螺旋测微器，测量拆下的后差速器半轴齿轮轴平垫圈的厚度。
- 选择比拆下的后差速器半轴齿轮轴平垫圈厚 0.06～0.09mm 的新平垫圈。
- 用 SST 和塑料锤敲入新的后差速器半轴齿轮轴平垫圈。
- 对齐轴承盖和差速器支架上的装配标记，并安装 2 个轴承盖。
- 用 4 个螺栓紧固后差速器轴承盖。
- 将百分表安装到差速器齿圈表面端部，如图 4-80 所示。
- 固定后主动小齿轮结合法兰分总成的同时，转动差速器齿圈并测量齿隙。

- 如果测量值不在规定范围（0.13～0.18mm）内，则等量增加或减小左、右后差速器半轴齿轮轴平垫圈的厚度来进行调整。
- 用转矩扳手测量预紧力。

⑬ 检查齿圈和主动小齿轮间的齿接触。

- 如图4-81所示，在差速器齿圈的3个不同位置用普鲁士蓝涂抹3或4个齿。

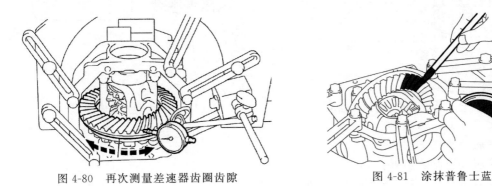

图4-80　再次测量差速器齿圈齿隙　　　　　图4-81　涂抹普鲁士蓝

- 紧紧握住后主动小齿轮结合法兰分总成，并在正反两个方向上转动差速器齿圈。
- 检查齿接触模式，如图4-82所示。

如果齿接触不好，则根据图4-82选择合适的垫圈进行校正。

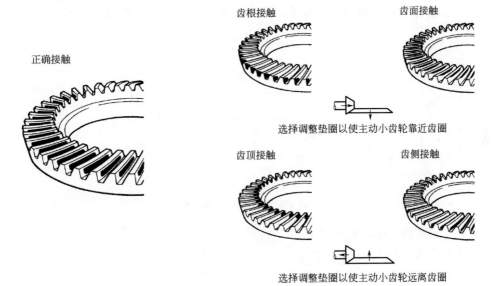

图4-82　检查齿接触情况

⑭ 拆卸后主动小齿轮螺母。
⑮ 拆卸后主动小齿轮结合法兰分总成。
⑯ 拆卸后差速器主动小齿轮挡油圈。
⑰ 拆卸后主动小齿轮前滚锥轴承。
⑱ 安装新的后差速器主动小齿轮轴承隔垫。
⑲ 将后主动小齿轮前滚锥轴承（内座圈）安装到主动小齿轮上，如图4-83所示。
⑳ 将后差速器主动小齿轮挡油圈安装到差速器主动小齿轮上，如图4-84所示。

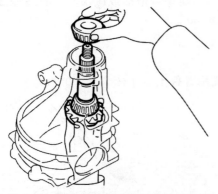

图 4-83　安装后主动小齿轮前滚锥轴承

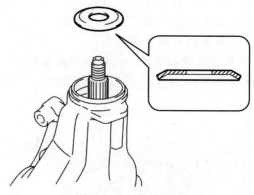

图 4-84　安装挡油圈

㉑ 安装后差速器支架油封。
㉒ 安装后差速器防尘罩。
㉓ 安装后主动小齿轮结合法兰分总成。
㉔ 检查差速器主动小齿轮预紧力。
㉕ 检查总预紧力。
㉖ 检查差速器齿圈齿隙。
㉗ 检查后主动小齿轮结合法兰分总成。
㉘ 安装后主动小齿轮螺母。用冲子和锤子锁紧后主动小齿轮螺母，如图 4-85 所示。

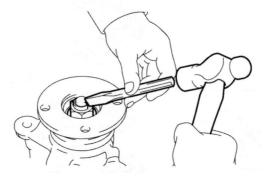

图 4-85　安装后主动小齿轮螺母

㉙ 安装后差速器半轴齿轮轴油封。
㉚ 安装后差速器通气塞。
㉛ 安装后差速器支架盖。

第五章

四轮驱动系统（4WD）

第一节 概述

一、四轮驱动系统的类型及原理

四轮驱动是指车辆的传动系统可向四个车轮输送动力。四轮驱动系统一般分为分时四轮驱动系统和全时四轮驱动系统。四轮驱动传动系统的结构如图 5-1 所示，分动箱是实现四轮传动的核心部件。

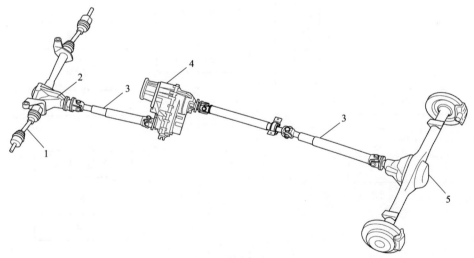

图 5-1　四轮驱动传动系统

1—前驱动半轴；2—前桥；3—传动轴；4—分动器；5—后桥

分时四驱是由驾驶者手动切换的驱动模式。驾驶者可通过接通或断开分动器来选择两轮驱动或四轮驱动模式。分时四驱车辆的分动器有三个挡位，当选择 2WD HIGH 时，只有两个后轮被驱动；当选择 4WD HIGH 时，四个车轮均被驱动，变速器与分动器直接连接；而选择 4WD LOW 时将会形成一个减速传动比。分动器变速系统发生故障时，将通过报警灯向驾驶者进行提示。

全时四驱指的是车辆在整个行驶过程中一直保持四轮驱动的模式。在干燥的公路上行驶时，汽车可以使用两轮驱动。如车轮打滑，可以自动接合四轮驱动。大多数全时四轮驱动系统还具备高低挡分动箱，可在恶劣地形情况下使用分动箱的低速挡（4L），提供更大的四轮驱动力。

四轮驱动系统的 2H 动力流程如图 5-2 所示。

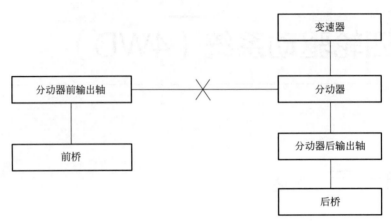

图 5-2　2H 动力流程图

四轮驱动系统的 4H 动力流程如图 5-3 所示。

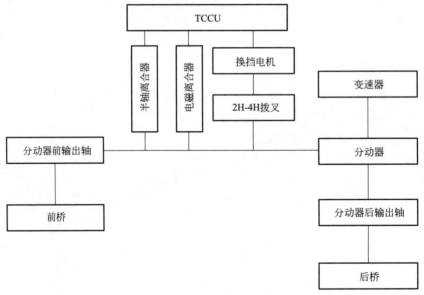

图 5-3　4H 动力流程图

二、四轮驱动开关

如图 5-4 所示，荣威 W5 的四轮驱动开关为阶段型旋转开关，四轮驱动控制单元根据开关的旋转识别四驱挡位。旋转四轮驱动开关时，根据路况和气候条件选择适当的驱动状态。通过行星齿轮组，两挡式的分时分动器在选择 4WD HIGH 时采用直接挡，而选择 4WD

LOW 时将会形成 2.48 的减速比。在行驶过程中分动器内的无声链条将动力传输到前轮。另外可通过仪表盘上的开关轻松切换 2H、4H 变速，而 4L 则需要停车变速。发生系统故障时，将通过报警灯向驾驶者进行提示。

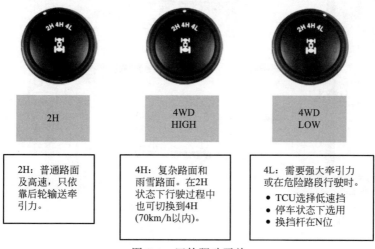

图 5-4　四轮驱动开关

- 2H：普通路面及高速，只依靠后轮输送牵引力。
- 4H：复杂路面和雨雪路面。在 2H 状态下行驶过程中也可切换到 4H（70km/h 以内）。
- 4L：需要强大牵引力或在危险路段行驶时。
  - TCU 选择低速挡
  - 停车状态下选用
  - 换挡杆在 N 位

当操作切换开关转换四轮驱动状态时，有可能发生机械噪声和振动，这是因状态的转换而产生的正常现象。普通路面上不要启动四轮驱动模式，此情况下应以两轮驱动模式行驶。普通公路上的四轮驱动，将会产生不必要的噪声、轮胎磨损、耗油量增加等现象。

三、分动器

分动器用来分配传递到前轴和后轴的转矩，并且可以在两驱和四驱之间切换。奥迪四轮驱动系统的分动器如图 5-5 所示。链条传动装置将驱动力矩传输到前桥：差速器通过与输入轴同轴布置的输出轴来驱动后桥，前桥转矩被传输到上链轮上。链轮位于上输出轴上，可自由转动，它通过链条驱动下链轮。下链轮与法兰轴固定连接在一起，并形成前桥主减速器的驱动力。链条传动装置使用自动变速器齿轮油（ATF）来进行润滑。

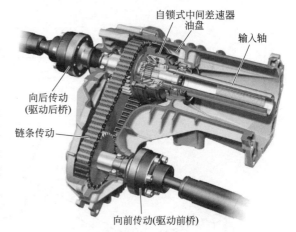

图 5-5　奥迪四轮驱动系统分动器

四、黏液耦合器

带黏液耦合器的四轮驱动系统的结构如图 5-6 所示。黏液耦合器位于传动轴和后桥主减速器之间，其作用是在前后轴出现转速差时，将来自变速器、差速器的驱动力传输给后桥。黏液耦合器属于一种液力耦合器，其内摩擦片和外摩擦片间充满了硅油，摩擦片彼此是不接触的。动力传递是通过硅油来实现的，可以在滑差率很小时传递很小的牵引力矩。如果外摩擦片和内摩擦片之间的转速差增大，那么空槽处的硅油就会被剪切。这就产生了热，那么硅油也就变得更黏稠了，耦合器能传递的力矩也就越大。

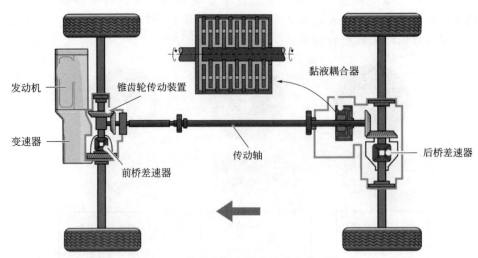

图 5-6 带黏液耦合器的四轮驱动系统

五、电控耦合器

电子四轮驱动控制系统根据各个传感器的输入信号，由 4WD 控制模块确定车辆的行驶和路况，并控制至后差速器内电子控制耦合器的输出电流，分配从发动机至后轮的驱动转矩。马自达车系的电控四轮驱动系统如图 5-7 所示。

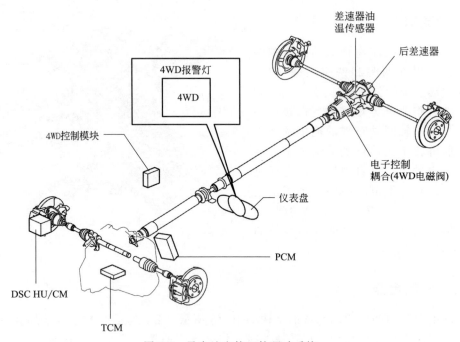

图 5-7 马自达电控四轮驱动系统

电控耦合器的结构如图 5-8 所示。电控耦合器基本上由电磁离合器、凸轮机构和转矩传递系统组成。电磁离合器由 4WD 电磁阀（电磁线圈）、构成磁通道的后腔室、辅助离合器和电枢构成。凸轮机构由辅助凸轮、球体和主凸轮组成。转矩传动系统由主离合器和液压油

（ATF）组成。这种联轴器结构使得辅助离合器形成的转矩被凸轮机构放大，因此使主离合器获得更大的转矩。

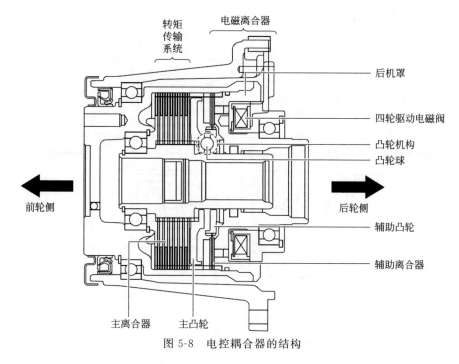

图 5-8 电控耦合器的结构

如图 5-9 所示，当 4WD 电磁控制电流 OFF 时，由于没有电流流过 4WD 电磁阀，辅助离合器中不会产生转矩。与此同时，辅助凸轮和主凸轮通过球体在相同方向转动，主凸轮不向主离合器侧施加任何推力。因此前轮的牵引力不会传递到后轮。

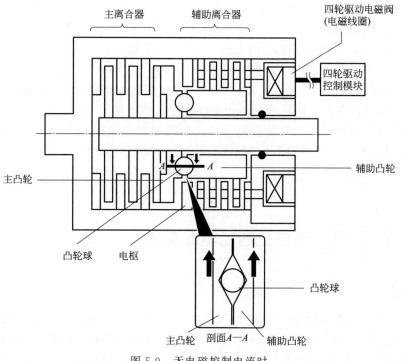

图 5-9 无电磁控制电流时

如图 5-10 所示，当 4WD 电磁控制电流 ON 时，由于电流从 4WD 控制模块流向 4WD 电磁阀，联轴器将按照如下方式工作。

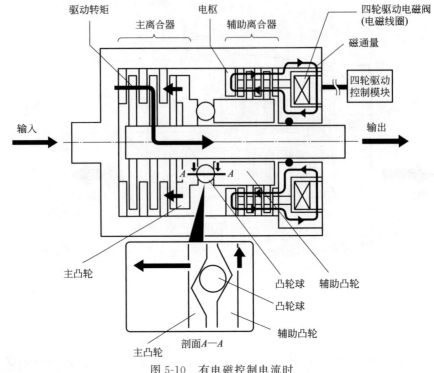

图 5-10　有电磁控制电流时

① 4WD 电磁阀的电磁线圈中形成磁通量。

② 由于电枢中的磁通量，辅助离合器被吸引到电磁线圈侧并接合在一起。于是在辅助离合器中产生摩擦转矩。

③ 该转矩被传递到辅助凸轮，该凸轮与辅助离合器接合。

④ 在辅助凸轮与主凸轮之间会产生转速差。由于该相对转矩，凸轮机构开始工作，将转矩从辅助凸轮通过球体传递给主凸轮。这样，作用在主离合器上的推力被放大了。

⑤ 当主离合器接合时，前轮的驱动转矩就被传递给后轮。

4WD 控制模块根据与车辆驾驶和路面状况相应的加速踏板角度、四轮转速、发动机转速和其他相关输入信号，来计算后轮的最佳转矩分配量，并向电子控制耦合器（4WD 电磁阀）输出相应的控制电流。

第二节　马自达四轮驱动系统

一、概述

马自达车系的电控四轮驱动系统如图 5-7 所示。4WD CM（四驱控制模块）位于如图 5-11 所示的位置。4WD CM 根据各输入信号，优化电子控制耦合器（4WD 电磁阀）电子控制电流。如果自诊断系统检测出故障，4WD 报警灯将亮灯以提示驾驶员，与此同时，系统将暂停控制并采取其他措施防止失去驱动能力并保护系统。

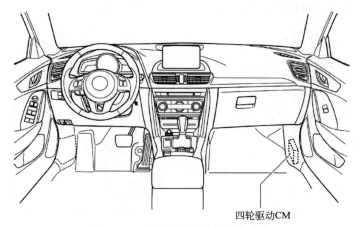

图 5-11 四驱控制模块的安装位置

四轮驱动系统控制电路如图 5-12 所示。4WD 控制模块通过 CAN 高速产品线与其他模块之间进行数据的接收和发送。差速器油温传感器使用热敏电阻作为测温元件，油温越高电阻值越小，反之电阻值越大。当后差速器油温超过规定值时，或当前后轮转速出现较大异常变化（例如试图脱离接合状态）时，将暂停控制以保护 4WD 系统。当发生该情况时，4WD 报警灯闪烁，提示驾驶员该状况。

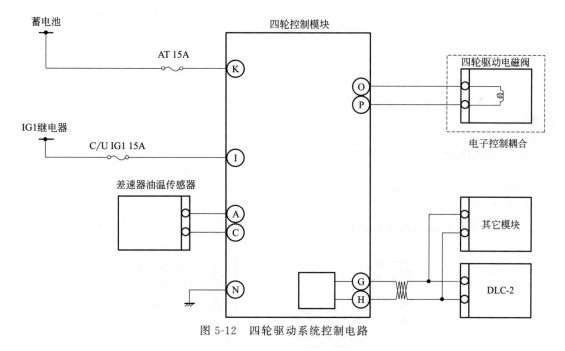

图 5-12 四轮驱动系统控制电路

二、变矩器油温传感器的检查

马自达 CX-4 汽车变矩器油温传感器（差速器油温传感器）的检查方法如下：
① 断开蓄电池负极导线。
② 断开变矩器油温传感器的连接器。

③ 拆下变矩器油温传感器，如图 5-13 所示。

④ 如图 5-14 所示，用塑料包裹物把变矩器油温传感器包起来。

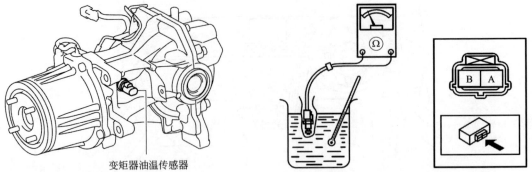

图 5-13 变矩器油温传感器　　　　图 5-14 测量变矩器油温传感器

⑤ 将其浸入装满水的烧杯内。逐渐升高水温，并测量变矩器油温传感器接线端 A 和接线端 B 之间的电阻，结果应如表 5-1 所示。

表 5-1 变矩器油温传感器规定阻值

水温/℃	电阻/kΩ	水温/℃	电阻/kΩ
0	91～100	50	10～11
10	56～61	60	7.1～7.9
20	35～39	70	5.0～5.6
30	23～25	80	3.6～4.0
40	15～16		

⑥ 如果不符，检查电气配线的导通性。如果接线端之间导通性正常，则更换变矩器油温传感器。

三、4WD 电磁线圈的检查

① 断开蓄电池负极导线。

② 断开 4WD 电磁线圈连接器。

③ 测量 4WD 电磁线圈连接器接线端 A 和 B 之间的电阻，如图 5-15 所示。

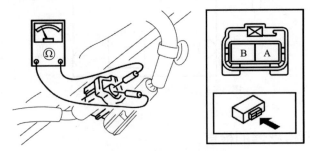

图 5-15 测量 4WD 电磁线圈电阻

④ 如果电阻不在规定范围内，应更换耦合部件。

4WD 电磁阀电阻：2.2～2.7Ω（后差速器油温 20℃时）。

四、电控耦合器的更换

① 将后变矩器油排入容器中。
② 断开蓄电池负极导线。
③ 拆下 1 号地板下盖。
④ 拆下管道构件。
⑤ 拆下支撑杆。
⑥ 从橡胶座上拆下 TWC，如图 5-16 所示。
⑦ 从主消音器上拆开 TWC。
⑧ 如图 5-17 所示，用缆绳挂起 TWC。
⑨ 拆下传动轴。

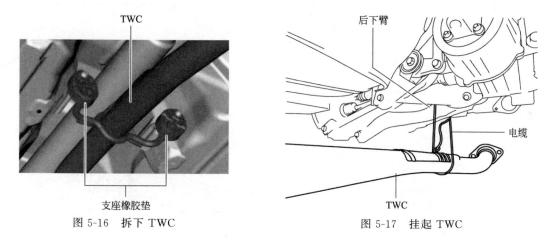

图 5-16　拆下 TWC　　　图 5-17　挂起 TWC

⑩ 按图 5-18 中所示的顺序拆卸耦合部件。

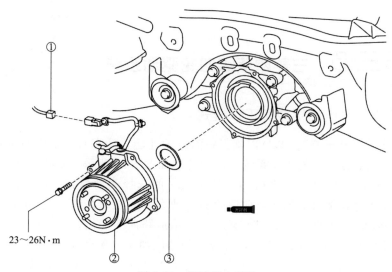

图 5-18　拆卸耦合部件

提示：
- 用汽车变速器专用举升器支撑住耦合部件。

- 用油底壳密封切刀切开耦合部件密封剂，如图 5-19 所示。
⑪ 按照与拆卸相反的顺序进行安装。

提示：
- 在涂抹新的硅酮密封剂之前，清除原来的密封剂。
- 涂上的硅胶密封剂开始变硬之前，安装耦合部件。
- 在硅胶硬化后，加注后差速器液压油。

⑫ 添加后变矩器油。
⑬ 在更换耦合部件后，将新耦合部件特征值写入 4WD 控制模块。
- 将 M-MDS 连接至 DLC-2。
- 在车辆得到识别之后，从 M-MDS 的工具箱中选择 "Chassis"（底盘）。
- 然后从屏幕菜单中选择 "4WD/AWD"。
- 选择 "Coupling Calibration Data Writing"（耦合校准数据写入）。
- 根据屏幕上的指示执行耦合校准数据写入。

提示：在更换耦合部件后，从图 5-20 所示的标签和标记处读取新耦合部件特征值并将其写入 4WD 控制模块。

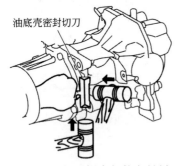

图 5-19　切开耦合部件密封剂

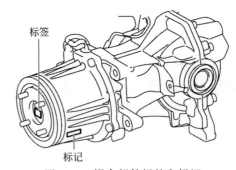

图 5-20　耦合部件标签和标记

第三节　三菱欧蓝德四轮驱动系统

一、四轮驱动系统的组成和工作模式

三菱欧蓝德采用电子控制 4WD 以确保路面行驶性能，使车身更加轻便小巧，并且实现更好的燃油经济性。该车四轮驱动系统的动力传递如图 5-21 所示。系统可通过操作 4WD 模式开关在 2WD 模式、AUTO 模式和 LOCK 模式之间选择驱动模式。由电控联轴器（4WD 电磁阀）控制压下多盘离合器的力，前后轮的驱动力分配自动在约 100：0（2WD）和 50：50（4WD）之间改变，以便获得最佳转矩分配来适应路面的变化。

四轮驱动系统组成如图 5-22 所示，各部件的功能如表 5-2 所示。

提示：虚线表示 CAN 通信线路（CAN_B、CAN_C、诊断 CAN_C）。

电子控制 4WD 控制电子控制耦合器（位于驱动轴和后差速器之间）的转矩。通过将前后轮的转矩分配从更接近于前轮驱动的状态改变为更接近于直接耦合 4WD 的状态实现了此控制策略，并根据不同的驾驶状况实现最优的驱动力。

第五章 四轮驱动系统（4WD） 123

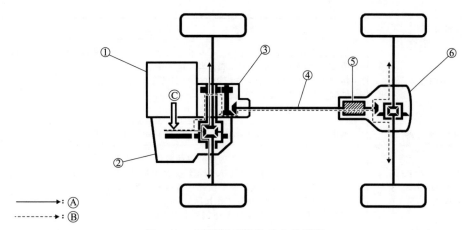

图 5-21 四轮驱动系统动力传递图

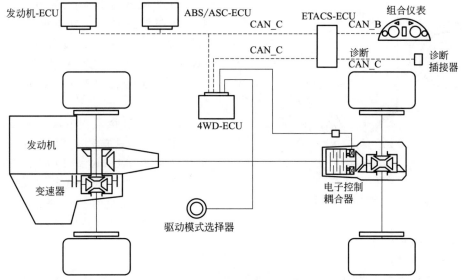

图 5-22 四轮驱动系统的结构

表 5-2 系统部件和功能

部件名称	功能描述
发动机-ECU	通过 CAN 通信发送 4WD-ECU 需要的以下信号： 发动机转矩信号； 节气门位置信号； 发动机转速信号
ABS/ASC-ECU	通过 CAN 通信发送 4WD-ECU 需要的以下信号： ABS 传感器信号(车轮转速信号)； ABS 工作信号； 4WD 转矩限值信号
驱动模式选择器	将驱动模式开关信号(2WD/4WD/LOCK)发送到 4WD-ECU
ETACS-ECU	从 4WD-ECU 接收驱动模式开关信号(2WD/4WD/LOCK)，并且使组合仪表中的指示灯闪烁(4WD 工作指示灯和 LOCK 指示灯)。 在发生故障时使组合仪表中的指示灯闪烁(4WD 工作指示灯和 LOCK 指示灯)。 控制诊断功能

续表

部件名称	功能描述
4WD-ECU	根据来自各ECU和开关的信号判断车况和当前的驱动模式,从而计算最佳的差速器力限值,并控制流向电子控制耦合器的电流值。 控制组合仪表中的指示灯(4WD工作指示灯和LOCK指示灯)。 控制自诊断功能和故障安全功能。 控制诊断功能。
电子控制耦合器	根据4WD-ECU控制的电流值,将合适的转矩传递到后轮
驱动模式指示灯: 4WD工作指示灯 LOCK指示灯	集成在组合仪表中,指示所选择的驱动模式(在2WD模式中不显示): 当4WD工作指示灯和LOCK指示灯交替闪烁时,系统自动进入前轮驱动模式以保护驱动系统部件,并且不能用驱动模式选择器来切换驱动模式。 当驱动系统发热时,4WD工作指示灯闪烁; 来自4WD-ECU的指示灯工作信号由ETACS-ECU通过CAN通信发送至组合仪表
诊断插接器	输出故障诊断代码并且与M.U.T.-Ⅲ建立通信

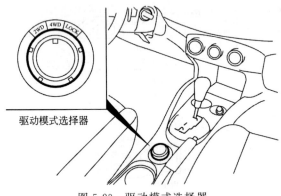

图 5-23 驱动模式选择器

驱动模式选择器安装在地板控制台上,如图5-23所示。在点火开关转到ON位置时,通过转动刻度盘可以从2WD、4WD或LOCK中选择驱动模式。

三菱欧蓝德4WD系统的工作模式如下:

(1) 2WD模式:车辆用前轮驱动

注意:如果前轮在2WD模式下打滑,切勿切换至AUTO或LOCK。这会在系统中产生问题。即使选择了2WD模式,4WD控制单元也可能会将最小必要驱动转矩分配给后轮,具体取决于行驶状态。(但AUTO或LOCK指示灯不会点亮。)

(2) AUTO模式

① 电子控制实现在前/后车轮之间最优分配转矩,从而与路面状况匹配。

② 由电控控制压下多盘离合器的力。前后轮的驱动力分配自动在约100∶0(2WD)和50∶50(4WD)之间改变,以便获得最佳转矩分配来适应路面的变化。

③ 传感器输入决定车辆的转弯状况,通过给后轮分配最佳转矩而控制急转弯/制动。

(3) 车辆起步控制

① 启动时,前后轮的转矩分配由电控固定,从而获得稳定起步。

② 实现在雪地或其他光滑路面上可以稳定驾驶,而不会出现车轮打滑。

(4) 普通控制

① 在不需要4WD的路面上,通过以接近前轮驱动的方式行驶来改善燃油经济性,获得较佳的燃油效率。

② 当前轮产生空转时,分配最佳转矩到后轮以保持稳定驾驶。

③ 根据从各传感器接收到的信息判断车辆转弯时的状态,最佳转矩将分配至后轮以防止猛烈急转弯/突然制动现象。

(5) 锁止模式

① 前/后轮转矩分配是固定的,这确保在爬坡时稳定行驶。

② 在 LOCK 模式下，电控会将压下多盘离合器的力最大化，前后轮的驱动转矩分配将被固定，以实现约 50∶50 的 4WD 状态。

二、电子控制耦合器的结构与工作原理

电子控制耦合器的结构如图 5-24 所示，它包括前壳体、主离合器、主凸轮、钢球、导向凸轮、电枢、导向离合器、后壳体、磁性线圈和轴。前壳体与驱动轴相连接并与其一起旋转。主离合器和导向离合器安装在前壳体的外侧和轴内侧上（导向离合器通过导向凸轮安装）。轴通过锯齿和后差速器的主动小齿轮接合。

电子控制耦合器实现了重量更轻、结构更加简单且高度可靠的 4WD 系统。

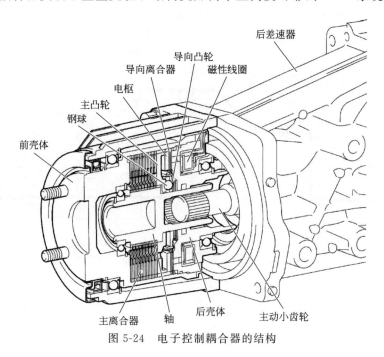

图 5-24 电子控制耦合器的结构

如图 5-25 所示，耦合器不工作时（2WD：磁性线圈断电），驱动力从分动器传递到与驱动轴相连的前壳体。驱动力还传递到装配在前壳体上的导向离合器和主离合器外侧上。因为

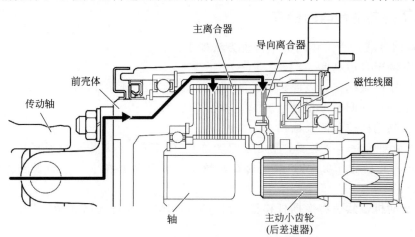

图 5-25 耦合器不工作时

导向离合器和主离合器随着磁性线圈断电而不能结合，驱动力不能传送到轴和后差速器的主动小齿轮上。

如图5-26所示，耦合器工作时（4WD；磁性线圈通电），后壳体、导向离合器和电枢之间产生磁场，磁场促使导向离合器接合。当导向离合器接合时，驱动力传动到导向凸轮上。前轮和后轮的车轮角度有所不同（即传动轴的转动速度与主动小齿轮的转动速度不同）时，施加驱动力的导向凸轮的转动速度与未施加驱动力的主凸轮的转动速度也会变得不同。在转速差异时，滚珠沿着导向凸轮与主凸轮间的弯曲的空间滑动，并且推动导向凸轮和主凸轮。然后，主离合器推向主凸轮以接合。当主离合器接合时，驱动力通过轴和后差速器的主动小齿轮传到后轮。

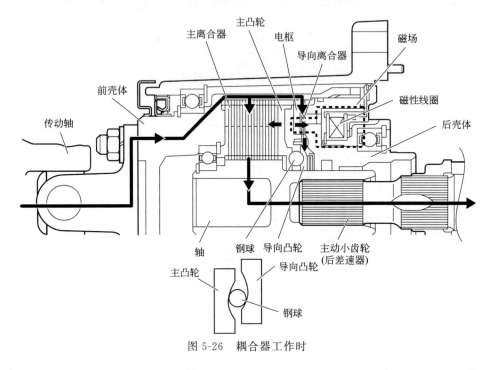

图5-26 耦合器工作时

通过控制施加在电磁线圈中的电流，可以在0～100%的范围内控制传到后轮的驱动力。

三、电子控制耦合器的检查

电子控制耦合器是否工作的简单检查方法如下：
① 升起车辆至合适高度。
② 给前后轮胎做标记，以便识别轮胎转动，如图5-27所示。
③ 将驻车制动杆调节至正常状况。
④ 将驻车制动杆拉起两个槽口。

提示：略微启用驻车制动器，防止驱动力在电子控制耦合器中通过摩擦传递到后轮。如果驻车制动器没有启用而在2WD模式时车轮转动，则驱动力在电子控制耦合器中通过摩擦传递到了后轮。

⑤ 启动发动机，然后将换挡杆移至1挡（MT车辆）或将选挡杆移至D挡（CVT、AT车辆）。
⑥ 逐渐压下加速踏板，并保持车速约为10km/h。

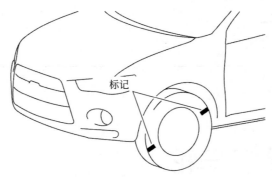

图 5-27　前后轮胎做标记

⑦ 将驱动模式选择器切换至 2WD 模式，然后检查确认后轮处于 2WD 控制之下（此时，组合仪表中的 4WD/LOCK 指示灯不亮）。

⑧ 发动机停机。

⑨ 再次启动发动机，然后将换挡杆移至 1 挡（MT 车辆）或将选挡杆移至 D 挡（CVT、AT 车辆）。

⑩ 逐渐压下加速踏板，并保持车速约为 10km/h。

⑪ 将驱动模式选择器切换为 4WD 模式，并检查后轮是否正在转动（此时，组合仪表中的 4WD 指示灯点亮）。

⑫ 在以上检查完成后，如果后轮的转动符合以上情况，则判断电子控制耦合器正常工作。如果后轮的转动不符合以上情况，则更换电子控制耦合器。

电子控制耦合器电磁线圈的检查方法：如图 5-28 所示，断开电磁线圈插接器 D-112-1，然后测量电子控制耦合器侧插接器端子之间的电阻值。如果所测量的电阻值超出标准值范围（2.2~4.0Ω），则更换电子控制耦合器。

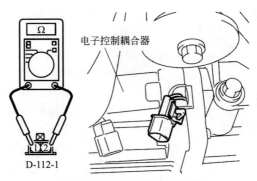

图 5-28　测量电磁线圈电阻

第六章 悬架与车轮

第一节 前悬架

一、概述

汽车悬架系统是指由车身与车轮间的弹簧和减振器组成的整个支持系统。悬架系统功能是传递车轮和车架之间的力矩,缓冲路面传给车架或车身的冲击力,并衰减由此引起的车身振动,改善乘坐舒适性。如图 6-1 所示,悬架一般由弹性元件、减振器、导向机构和横向稳定杆组成。

图 6-1 汽车悬架系统

弹性元件用来承受并传递垂直载荷,缓和崎岖路面对车身的冲击,同时保持轮胎与路面接触,维持车辆行驶的循迹性。弹性元件的种类包括钢板弹簧、螺旋弹簧、扭杆弹簧、油气弹簧、空气弹簧和橡胶弹簧等。

减振器用来衰减弹性系统引起的振动,种类有筒式减振器、可调式减振器和充气式减振器。

导向机构用来传递车轮与车身间的力矩,同时保持车轮按一定运动轨迹相对车身跳动。导向机构由控制摆臂杆件组成,种类有单连杆式和多连杆式。

钢板弹簧作为弹性元件时,可以不用设置导向机构,它本身兼起导向作用;有的悬架系统中加设横向稳定杆,提高了横向刚度。汽车有不足转向时,可改善汽车操纵稳定性和行驶平顺性。

汽车前悬架通常采用麦弗逊式独立悬架,其结构如图 6-2 所示。麦弗逊式悬架由螺旋弹簧、减振器、转向节、下摆臂、横向稳定杆等组成。减振器作为悬架的可动部分安装于弹簧与车身之间,悬架中的弹簧具有吸收路面冲击的能力。弹簧受路面冲击挠曲变形后出现振摆恢复过程,所以振动并不能立即停止。减振器就是对悬架的上下运动施加适当的阻尼力,使振动减轻，吸收来自路面的冲击。

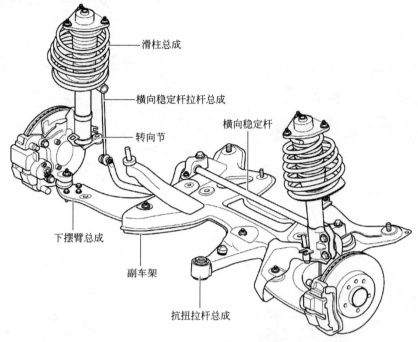

图 6-2 麦弗逊式独立悬架

三角形下摆臂由两个钢板冲压件焊接而成，螺旋弹簧和筒式减振器连成一体，形成悬架的弹性支柱。支柱的上端与车身挠性连接，下端安装在转向节上。下摆臂固定在前副车架上。横向稳定杆通过两个弹性橡胶圈与副车架铰接，稳定杆的两端通过连接杆的球铰与左、右减振器筒体上的耳环连接。

由于麦弗逊式悬架的结构简单、紧凑，占用空间小，有良好的操纵稳定性，因而广泛应用在轿车的前悬架上。

二、前副车架的拆卸

① 将转向盘转至直线行驶位置。
② 换挡杆置于 P 挡。
③ 拆卸两侧转向节组件。
④ 断开蓄电池负极电缆。
⑤ 拆卸空气滤清器总成。
⑥ 拆卸前雨刮电机及连杆总成。
⑦ 撬出线束固定卡（箭头 A），撬出过孔胶套 1，脱开线束 2 与通风罩前下板总成 3 的连接，如图 6-3 所示。
⑧ 旋出固定螺栓（箭头 B），取下通风罩前下板总成 3。
⑨ 拆下发动机装饰罩 1，如图 6-4 所示。
⑩ 安装发动机平衡吊架与横杆组件，固定发动机总成，如图 6-5 所示。
⑪ 用记号笔在转向管柱总成 1 与电动助力转向器总成 2 上做好装配标记（箭头 A），如图 6-6 所示。

⑫ 旋出固定螺栓（箭头 B），断开转向管柱总成 1 与电动助力转向器总成 2 的连接。

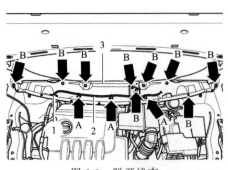

图 6-3　脱开线束

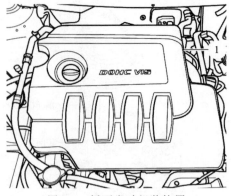

图 6-4　拆下发动机装饰罩

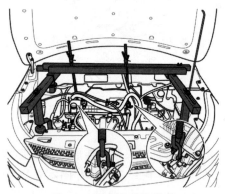

图 6-5　固定发动机总成

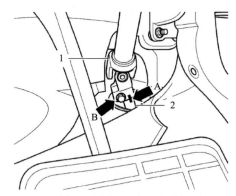

图 6-6　断开转向管柱总成

⑬ 将左侧驱动轴总成 1 与右侧驱动轴总成 2 固定至车身上，如图 6-7 所示。
⑭ 旋出固定螺母，脱开前稳定杆左侧连杆 3 与前稳定杆 2 的连接，如图 6-8 所示。

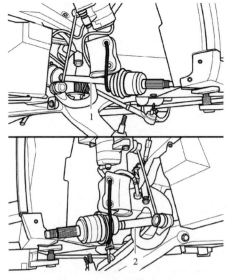

图 6-7　固定驱动轴总成

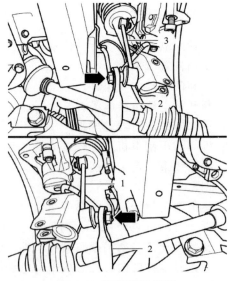

图 6-8　脱开前稳定杆

⑮ 旋出固定螺母，脱开前稳定杆右侧连杆1与前稳定杆2的连接。
⑯ 脱开前副车架与催化器总成支架的催化器吊挂1，如图6-9所示。
⑰ 断开电动助力转向器总成的连接插头（箭头A和箭头B），如图6-10所示。

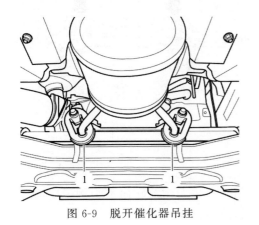

图6-9 脱开催化器吊挂　　　　图6-10 断开电动助力转向器插头

⑱ 使用发动机和变速器举升装置放置前副车架组件1，如图6-11所示。

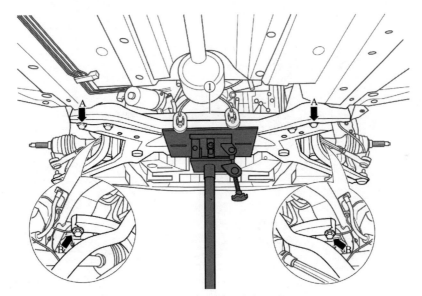

图6-11 降下前副车架组件

⑲ 旋出固定螺栓（箭头A、箭头B），将前副车架组件降下。

提示：必须在另一位维修工的协助下进行。

⑳ 旋出固定螺母（箭头A）和螺栓（箭头B、箭头C），取下支架1与电动助力转向器总成2，如图6-12所示。

㉑ 旋出固定螺栓，取下前稳定杆总成1与固定支架2，如图6-13所示。

㉒ 旋出固定螺栓（箭头），从前副车架1上取下右侧前悬下摆臂总成2和左侧前悬下摆臂总成3，如图6-14所示。

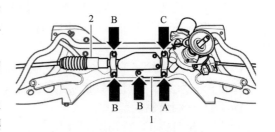

图6-12 取下电动助力转向器总成

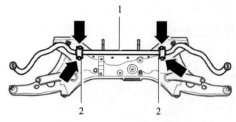

图 6-13 取下前稳定杆总成

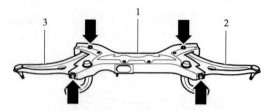

图 6-14 从前副车架上取下下摆臂

提示：安装螺栓前需在螺纹处涂抹螺纹胶。

三、前转向节的拆卸

广汽传祺 GS4 轿车前转向节的结构如图 6-15 所示。以右侧前转向节为例说明前转向节的拆卸，左侧前转向节的拆卸和安装大体上可参照右侧。

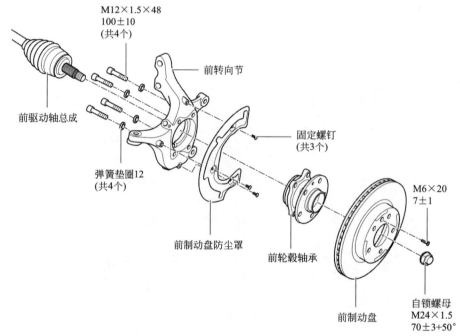

图 6-15 前转向节的结构（单位：N·m）

① 拆卸右侧前车轮。
② 旋出右侧驱动轴六角锁紧螺母，如图 6-16 所示。
③ 旋出固定螺栓（箭头），将右前轮速传感器 1 从右侧前转向节 2 上拔出，如图 6-17 所示。
④ 旋出固定螺栓（箭头），脱开右侧前制动钳 1 的连接，如图 6-18 所示。
注意：用固定带将制动钳固定在车身上，避免制动软管因承受制动钳的重量而损坏。
⑤ 取下右侧前制动盘。
⑥ 拔出开口销 1，旋出右侧外拉杆 2 与右侧前转向节 3 的固定螺母，如图 6-19 所示。

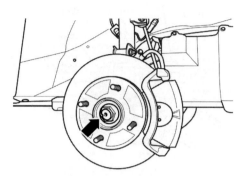

图 6-16　旋出锁紧螺母

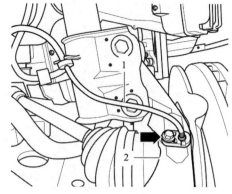

图 6-17　拆下右前轮速传感器

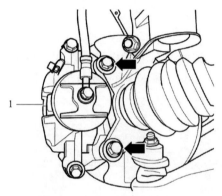

图 6-18　脱开右侧前制动钳

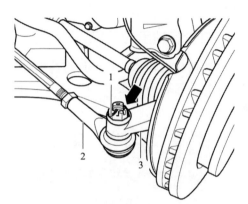

图 6-19　旋出外拉杆固定螺母

⑦ 使用球形万向节拔出器将右侧外拉杆 1 从右侧前转向节 2 中压出，如图 6-20 所示。

⑧ 旋出固定螺栓，脱开右侧前转向节组件 1 与右前减振器总成 2 的连接，如图 6-21 所示。

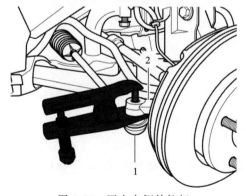

图 6-20　压出右侧外拉杆

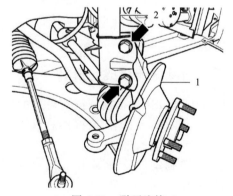

图 6-21　脱开连接

⑨ 将驱动轴总成从前轮毂轴承中推出。

⑩ 旋出右侧前悬下摆臂与右侧前转向节的固定螺母，如图 6-22 所示。

⑪ 使用球形万向节拔出器将右侧前转向节组件 1 从右侧前悬下摆臂 2 中压出，取下右

侧前转向节组件 1，如图 6-23 所示。

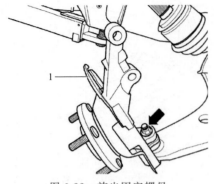

图 6-22 旋出固定螺母

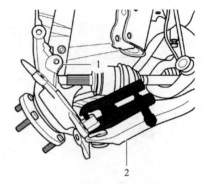

图 6-23 取下右侧前转向节

四、前轮毂轴承的更换

① 使用前轮毂轴承拆装工具将前轮毂轴承 2 从前转向节 1 上压出，如图 6-24 所示。

② 使用前轮毂轴承总成拆装工具将新的前轮毂轴承 2 压装至前转向节组件 1 上，如图 6-25 所示。

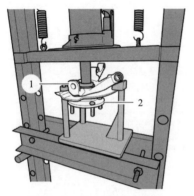

图 6-24 压出前轮毂轴承

图 6-25 压装前轮毂轴承

五、前减振器总成的拆卸

广汽传祺 GS4 轿车前减振器总成的结构如图 6-26 所示。

广汽传祺 GS4 轿车前减振器总成的拆卸方法如下：

① 拆卸前车轮。

② 拆卸制动软管弹簧卡，脱开制动软管的定位胶套 1 与前减振器总成的连接，如图 6-27 所示。

③ 从前减振器总成上脱开前轮 ABS 轮速传感器线束的胶套（箭头 A），如图 6-28 所示。

④ 旋出前横向稳定杆拉杆总成与前减振器总成连接的固定螺母（箭头 B）。

⑤ 旋出前减振器总成与前转向节连接的固定螺母（箭头 C），并取出螺栓。

螺母 B 拧紧力矩：(70 ± 10)N·m。螺栓 C 拧紧力矩：(200 ± 20)N·m。

提示：在拆卸前横向稳定杆拉杆总成的固定螺母时，需用开口扳手固定球销部分，防止球销与螺母同时转动。

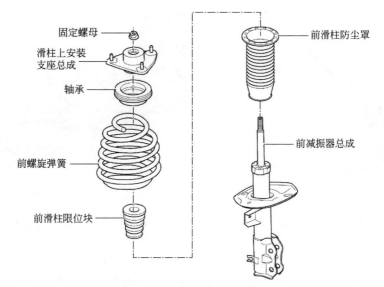

图 6-26 前减振器总成的结构

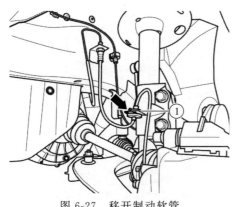

图 6-27 移开制动软管

图 6-28 旋出减振器下部螺母

⑥ 拆下雨刮盖板总成。
⑦ 旋出前减振器总成的固定螺母，如图 6-29 所示。
螺母拧紧力矩：(70 ± 7) N·m。
⑧ 取出前减振器总成。

六、前减振器总成的分解与组装

① 如图 6-30 所示安装工具：旋紧减振器弹簧压缩工具组 1 的螺杆，压缩前螺旋弹簧，直至前减振器滑柱上安装支架没有负载。
② 使用内六角扳手 2 固定减振器活塞杆，用扳手 3 旋出活塞杆的紧固螺母。
提示：安装减振器弹簧压缩工具组 1 时，注意前螺旋弹簧在前减振器安装支架上的正确位置（箭

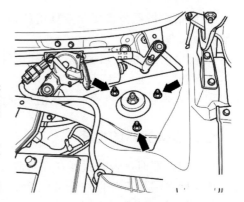

图 6-29 旋出减振器固定螺母

头），如图 6-31 所示。

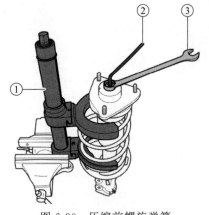

图 6-30　压缩前螺旋弹簧

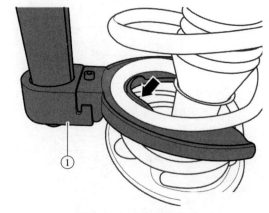

图 6-31　正确安装位置

③ 如图 6-32 所示，从前减振器总成上按顺序拆下前滑柱上支座总成 1、前滑柱轴承 2、螺旋弹簧上座 3、上橡胶座 4、限位块防尘罩 5、前螺旋弹簧 6、下橡胶座 7。

④ 组装时，用减振器弹簧压缩工具组压紧前螺旋弹簧，将其安装在下滑柱安装支架上。螺旋弹簧的端部必须贴紧限位位置，如图 6-33 箭头所示。

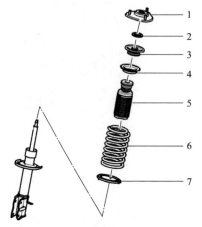

图 6-32　分解前减振器总成

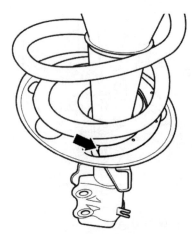

图 6-33　螺旋弹簧限位位置

⑤ 旋紧减振器弹簧压缩工具组的螺杆，压缩前螺旋弹簧，直至前减振器的滑柱上安装支架没有负载。

⑥ 使用内六角工具固定减振器活塞杆，用扳手拧紧活塞杆的紧固螺母。

螺母拧紧力矩：$(65\pm5)\mathrm{N\cdot m}$。

⑦ 松开弹簧压紧装置，并从前螺旋弹簧上取下。

七、前减振器的检修

目检减振器时，若减振器存在弯曲或严重的凹陷或刺孔，应予以更换。正常情况下，只有当减振器泄漏严重并且在外部能看到减振器油滴，车辆遇到路面冲击而车轮回跳过度时（失去减振作用），才需要更换减振器。

减振器拆卸检查时,可采用如图 6-34 所示的办法来回推拉减振器,检查整个行程中工作的平滑、压缩和伸张性能。一个好的减振器应能在压缩和伸张的全部行程中提供强大的稳定阻力,且能运动自如而不发卡。如果感觉有稳定的阻力,则说明减振器完好;如果感觉无压缩或无伸张阻力,则表明减振器有泄漏或缺油,应该更换减振器。另外,也要检查减振器的活塞杆,看其有无弯曲和运动受阻情况,是否有漏油、异常噪声,若存在这些情况,也需更换减振器。

减振器的工作效能检查,可不拆卸减振器而实行就车检查。检查方法是使减振器处于工作状态,通常是用手把车辆压下,然后迅速地放开手,若车辆的反弹次数超过两次时,则说明减振器工作效能差,应该更换减振器。减振器是否缺油,也可就车检验。一是目检,看是否有漏油的痕迹。二是在汽车运行后的触摸检查:汽车运行一段时间后,停车,迅速用手触摸减振器筒体,如果感到筒体发热、烫手,说明减振器工作正常,不缺油;若感觉筒体不发热或温度变化不大,则说明减振器缺油或失效。减振器缺油或漏油或失效时,应更换减振器。

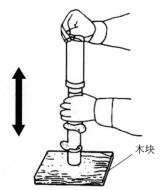

图 6-34 检查减振器工作情况

八、前悬架支柱其他部件的检修

检查前悬架弹簧时,先进行外观检查,若弹簧有明显的塑性变形,有裂纹等缺陷,应予以更换。再检查弹簧的弹力是否下降,若弹力下降,则应更换弹簧。

弹力的检查方法可分为就车检查和拆卸检查两种。就车检查时可将轿车停放在平地上,各轮胎气压充至规定值,按规定部位测量车身高度,若车身某一侧高度低于规定值或左右侧车身高度均低于规定值,说明某一侧弹簧或所有弹簧的弹力下降,应该更换失效的弹簧。对于拆卸的弹簧可用仪器或自由高度来检查其弹力是否合适。

检查冲击限位块时,若有损坏或弹性减弱现象,应予以更换。检查悬架止推球轴承工作状况、运转阻力,若止推球轴承损坏,应予以更换。检查其余零件是否严重磨损、损坏或变形,若有这些现象,则应更换;还应更换防尘套及悬架密封件。

第二节 后悬架

一、概述

扭力梁式复合悬架的结构如图 6-35 所示。其主要结构为一根整体的 U 形断面横梁,在其两端焊接上变截面的管状纵臂形成一个整体构架(后轴体)。在纵臂的前端通过橡胶-尼龙支撑与车身作铰式连接。纵臂的后端与轮毂、减振器相连。当汽车行驶时,车轮连同后轴体相对车身以橡胶-尼龙支撑为支点作上下摆动。当两侧悬架变形不等时,后轴体的 U 形断面横梁发生扭转变形,因该横梁有较大的弹性,它起横向稳定器的作用,使一侧车轮的跳动基本不影响另一侧车轮。

扭力梁式复合悬架的结构简单,承载力大,占用车身空间小,易于布置,成本较低,多用于 A 级车后悬架上。

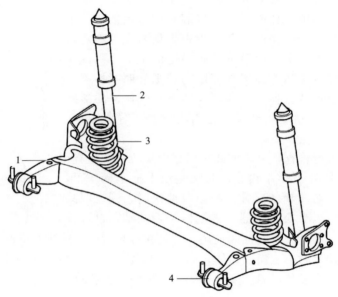

图 6-35　扭力梁式复合悬架的结构
1—后扭力梁总成；2—后减振器柱总成；3—后螺旋弹簧；4—支撑座

钢板弹簧式后悬架的结构如图 6-36 和图 6-37 所示。钢板弹簧是载客、载货汽车悬架中应用最广泛的一种弹性元件，它是由若干片等宽但不等长的合金弹簧片组合而成的一根近似等强度的弹性梁。

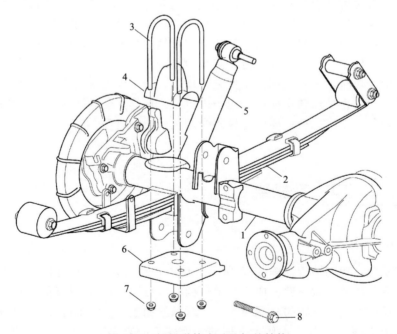

图 6-36　钢板弹簧式后悬架的结构
1—后桥；2—钢板弹簧；3—U形螺栓；4—钢板弹簧缓冲块；5—后悬架减振器；6—钢板弹簧下托架；
7—U形螺栓螺母；8—后减振器到后桥螺栓

钢板弹簧的第一片（最长）称为主片，其两端弯成卷耳，内装青铜或塑料或橡胶制成的衬套，用弹簧销与固定在车架上的支架，或吊耳作铰链连接。钢板弹簧的中间用 U 形螺栓与车桥固定。钢板弹簧在载荷作用下变形，各片之间因相对滑动而产生摩擦，可促使车架的振动衰减。

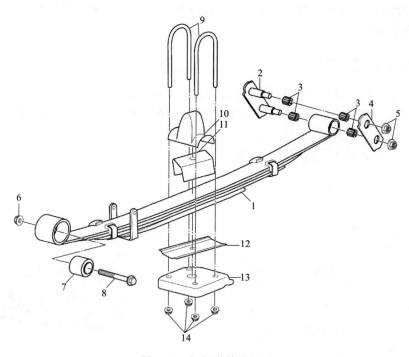

图 6-37　钢板弹簧分解图

1—钢板弹簧总成；2—吊耳；3—吊耳衬套；4—吊耳盖板；5—吊耳螺母；6—前卷耳衬套螺母；7—前卷耳衬套；
8—钢板弹簧前卷耳螺栓；9—U 形螺栓；10—缓冲块；11—钢板弹簧安装板；
12—钢板弹簧下隔离橡胶板；13—钢板弹簧下托架；14—螺母-U 形螺栓

多连杆独立悬架的结构如图 6-38 所示，它主要由横向稳定杆、横向稳定杆拉杆、前束臂、纵臂、上臂、下臂、副车架总成、后轴节总成、减振器、螺旋弹簧组成。

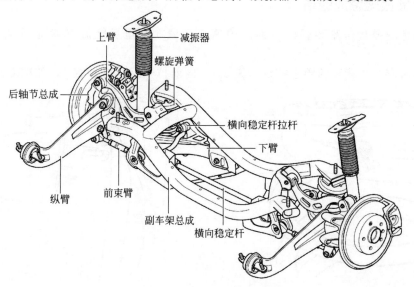

图 6-38　多连杆独立悬架的结构

多连杆后悬架能实现大幅度减少路面带来的前后方向力，从而改善加速和制动时的平顺性和舒适性。通过螺旋弹簧悬挂拉伸或压缩而使车轮横向偏移的量值很小，不易造成两侧后轴车轮相对车辆纵轴线距离不均等而产生非直线行驶现象，同时也保证车辆直线行驶性。多连杆独立悬架能保证较精确的定位参数，NVH 性能、平顺性、乘坐舒适性较好，横向刚度较大及侧倾能力较强。

二、后螺旋弹簧的更换

① 使用螺旋弹簧压紧装置将后螺旋弹簧 1 压紧至可以取出即可，如图 6-39 所示。
② 将后螺旋弹簧下橡胶护套 1 与后螺旋弹簧上橡胶座 2 从后螺旋弹簧 3 上拆下，如图 6-40 所示。
③ 将弹簧压紧装置从后螺旋弹簧上拆下。

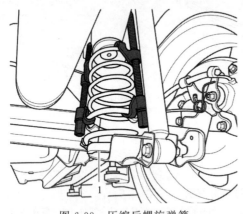

图 6-39 压缩后螺旋弹簧

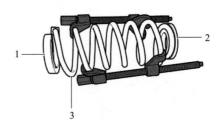

图 6-40 取下后螺旋弹簧上橡胶座

④ 安装以倒序进行，同时注意如图 6-41 所示对齐后螺旋弹簧上橡胶座 2 与后螺旋弹簧 1 的安装点。

三、后减振器总成的更换

① 使用螺旋弹簧压紧装置将后螺旋弹簧 1 压紧，直至后螺旋弹簧无负载，如图 6-39 所示。
② 按压后座椅靠背 1 的锁定按键（箭头），向前拉开后座椅靠背 1，如图 6-42 所示。

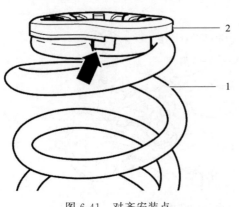

图 6-41 对齐安装点

图 6-42 拉开后座椅靠背

③ 撬起座椅锁钩护盖1，并取下，如图6-43所示。

④ 用工具1固定后减振器螺纹杆，通过工具2旋转后减振器拆装工具3，旋出后减振器总成的安装螺母，如图6-44所示。

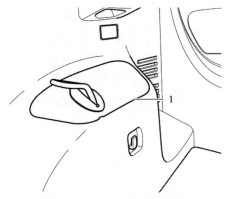

图 6-43　取下座椅锁钩护盖

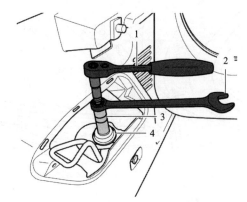

图 6-44　旋出后减振器安装螺母

⑤ 取下后减振器上压盖组件4。

⑥ 旋出后减振器总成1的下端固定螺栓，取下后减振器总成，如图6-45所示。

⑦ 从后减振器2上依次拆下防尘罩1、套管6、后减振器下衬套5、限位座总成4、缓冲块3，如图6-46所示。

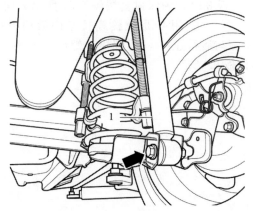

图 6-45　旋出后减振器下端固定螺栓

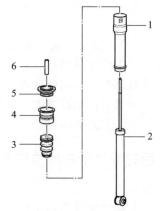

图 6-46　取下后减振器

⑧ 以相反的顺序安装新的后减振器总成。

四、后钢板弹簧的更换

① 将车辆放在举升机上举升至一定高度。

② 拆下后车轮。

③ 断开后ABS速度传感器线束连接。

④ 用套筒扳手拆下钢板弹簧与车身支架前连接螺栓和螺母，如图6-47所示。

⑤ 拆下2个固定后钢板吊耳、衬套及吊耳盖板的连接螺母，如图6-48所示。

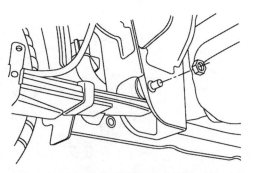

图 6-47　拆下钢板弹簧前连接螺栓和螺母

⑥ 拆下后减振器与后桥的固定螺栓 A，松开后钢板弹簧与后桥连接的 U 形螺栓 C 上的 4 个螺母，取下后弹簧下托架 B 以及后钢板弹簧安装板 D，松开后钢板弹簧，如图 6-49 所示。

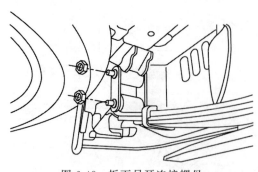

图 6-48　拆下吊耳连接螺母

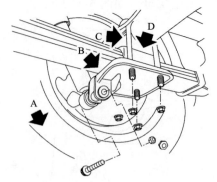

图 6-49　松开后钢板弹簧

⑦ 检查后钢板弹簧卷耳衬套是否磨损，如需要更换，使用前卷耳衬套工具压出后钢板弹簧前卷耳衬套。

⑧ 安装前使用前卷耳衬套工具压装后钢板弹簧前卷耳衬套。

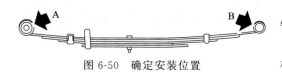

图 6-50　确定安装位置

⑨ 先确定钢板弹簧前支架安装位置 A 和钢板弹簧吊耳安装位置 B，如图 6-50 所示。

⑩ 安装钢板弹簧吊耳 1、衬套 2 和吊耳盖板 3 时，确保衬套按图 6-51 所示方向安装。

⑪ 用 U 形螺栓连接紧固后钢板弹簧缓冲块及后钢板弹簧下托架总成，预紧后钢板弹簧与后桥连接 U 形螺栓和螺母。

⑫ 预紧后钢板弹簧吊耳、衬套、吊耳盖板和螺母。

⑬ 预紧后钢板弹簧前连接螺栓和螺母。

⑭ 最后按规定转矩拧紧上述紧固件。

⑮ 在举升机上放下车辆。

五、后轮毂轴承总成的拆卸

① 拆卸右侧后车轮。

② 将驻车制动操纵手柄总成放在最低位置。

③ 旋出制动软管 1 的固定螺栓并脱开连接，如图 6-52 所示。

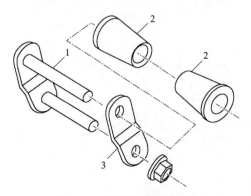

图 6-51　安装钢板弹簧吊耳

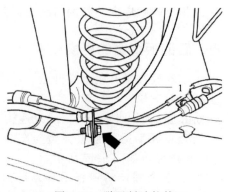

图 6-52　脱开制动软管

④ 旋出固定螺栓，脱开右侧后制动钳总成1，如图6-53所示。

注意：用钢丝将后制动钳固定在车身上，避免制动软管因承受后制动钳的重量而损坏。

⑤ 取下后制动盘总成1，如图6-54所示。

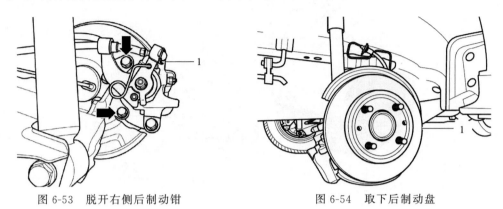

图6-53　脱开右侧后制动钳　　　　　图6-54　取下后制动盘

⑥ 旋出固定螺栓，脱开右侧后轮速传感器线束1与后轮毂轴承总成的连接，如图6-55所示。

⑦ 旋出固定螺栓（箭头），取下右侧后轮毂轴承总成1、右侧后制动钳安装支架2、右侧后前挡泥板3，如图6-56所示。

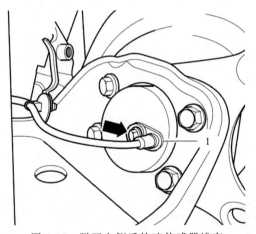
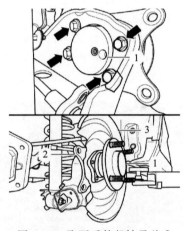

图6-55　脱开右侧后轮速传感器线束　　　　图6-56　取下后轮毂轴承总成

第三节　车轮与轮胎

一、概述

车轮总成由车轮和轮胎组成。如图6-57所示，钢制车轮由轮毂、轮辋以及这两件元件之间的连接部分——轮辐组成，轮胎安装在轮辋上。铝合金车轮的轮毂、轮辋则是一体的。轮胎是汽车行驶系中极其重要的部件之一，具有如下作用：

① 支撑整车的重量，包括在汽车上下运动时产生的惯性动载荷。

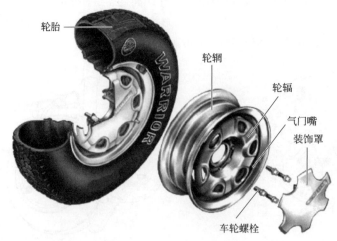

图 6-57　车轮总成的结构

② 缓和由路面传给车体的冲击力，起缓冲减振的作用。

③ 借助轮胎和路面之间的摩擦作用，产生驱动力和制动力，同时还产生平衡汽车侧向力的地面侧向反作用力，保证汽车行驶时的横向稳定性。

④ 承担跨越障碍的作用，保证汽车的通过性。

车轮不仅要具有一定的强度，而且应能缓和不平路面所造成的冲击和振动；轮胎与路面还要有良好的附着能力。

轮胎生产厂家在所生产的轮胎侧壁上都印有与轮胎相关的重要信息。印在轮胎上的信息可以使车主和技师了解轮胎的规格与能力。更换轮胎时必须使用正确的轮胎，如果将不同型号的轮胎换装到车辆上，可能会影响汽车的转向、制动与操纵性，造成不安全的后果。

图 6-58　轮胎规格参数

如图 6-58 所示，轮胎侧壁信息中的一组重要参数就是轮胎规格。例如，185/60R 14 86H 中的 185 代表胎面宽度是 185mm，60 表示轮胎断面的扁平比是 60%，即断面高度是宽度的 60%，R 表示子午线轮胎结构，轮辋直径是 14 英寸（1英寸为 2.54cm），载重指数 86（表示每个轮胎最大载荷为 530kg），许用车速是 H 级（表示最高安全极速是 210km/h）。

胎面花纹能够将水、泥、雪及其他碎屑从轮胎接地部位挤走，防止轮胎在路面上打滑。如果胎面花纹深度不够，就不能将轮胎接地部位的积水排走。轮胎磨损过度时，容易在胎面和水面间形成水膜，轮胎与路面失去接触而降低附着力，使汽车的制动性变差，车辆容易产生侧滑。特别是在雨天车速过快时，更容易造成严重后果。因此，胎面花纹深度在保持轮胎与路面的接触方面起着重要的作用。

如图 6-59 所示，胎面磨损指示标记用来显示胎面花纹的磨耗量及使用情况。胎面磨损过量时，就会露出横贯胎面的斑条，磨损指示标记告诉顾客和技师需要换轮胎了。通常当胎面花纹深度到达 1.6mm 以下时，就会露出磨损指示标记。

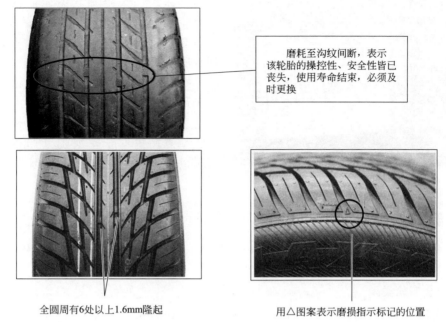

全圆周有6处以上1.6mm隆起　　　　　用△图案表示磨损指示标记的位置

图 6-59　胎面磨损指示标记

二、轮胎气压的检查与调整

现在的轿车基本采用无内胎子午线轮胎。轮胎气压不同时，轮胎与地面的接触情况如图 6-60 所示。合适的轮胎气压和正确的驾驶习惯对轮胎的使用寿命有着重要的影响，不但实现了车辆的乘坐舒适性、稳定性和操纵性，并且降低了胎面磨损、延长轮胎寿命以及避免轮胎损伤。超载、超速和不必要的紧急制动都会加剧轮胎的磨损。

胎压过高，胎面中间磨损　　　　胎压正常　　　　胎压过低，胎肩磨损

图 6-60　轮胎与地面的接触情况

轮胎气压不足将会导致轮胎快速磨损、车辆控制不良并降低燃油经济性，也可能会导致车轮变形；轮胎气压过大将导致乘坐不适、轮胎胎纹中央过度磨损，且增大在危险路面上损坏的可能性。因此为了安全性与最大燃油经济性，应使轮胎气压保持在规定充气压力，使车辆保持在载重限制之内，并遵守规定的重量分布。

轮胎气压的检查应在冷却状态下进行，每次出车特别是跑长途、上高速公路之前检查所有轮胎（含备胎）的轮胎气压。在车辆左侧车门框的标签上可以看到所有规格（轮胎尺寸与轮胎气压），如图 6-61 所示。

检查轮胎气压时，从轮胎气门芯上拆卸气门盖，把轮胎气压表牢固按到气门上测量

图 6-61 轮胎充气气压标签

轮胎气压。如果冷却状态轮胎的充气压力符合轮胎和负载信息标签上的推荐压力，不需要进一步调整；如果压力低，充气直到轮胎气压升高到推荐压力为止。

如果充气过量，通过按压轮胎气门芯中央部分内的金属杆或气压表上的排气阀释放空气。用轮胎气压表重新检查轮胎气压。检查结束后一定要把气门盖安装到气门芯上，防止灰尘和湿气的侵入，防止漏气。

三、车轮的拆装

车轮的拆卸和安装以左前轮为例，右前、左后、右后车轮的拆卸和安装大体上可参照左前车轮。

1. 铝合金车轮类型

① 使用随车工具拆下车轮螺母盖 1（无则省略），如图 6-62 所示。

② 按字母顺序交叉旋出车轮螺母（箭头 A、B、C、D），如图 6-63 所示。

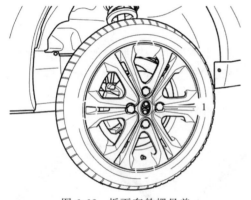

图 6-62 拆下车轮螺母盖

图 6-63 旋出车轮螺母

③ 稍微升起车辆至车轮离开地面，取下车轮。

④ 安装车轮，按字母顺序交叉预紧车轮螺母，如图 6-63 所示。

⑤ 放下车辆，交叉拧紧车轮螺母（拧紧力矩：100～120N·m）。

2. 钢轮辋车轮类型

① 沿箭头方向拉出钢轮装饰盖 1，如图 6-64 所示。

② 按字母顺序交叉旋出车轮螺母（箭头 A、B、C、D），如图 6-65 所示。

③ 稍微升起车辆至车轮离开地面，取下车轮。

④ 安装车轮，按字母顺序交叉预紧车轮螺母，如图 6-65 所示。

⑤ 放下车辆，交叉拧紧车轮螺母（拧紧力矩：

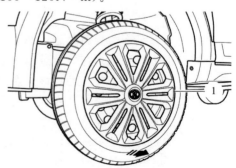

图 6-64 拉出钢轮装饰盖

100~120N·m）。

⑥ 安装时，注意钢轮装饰盖 1 与车轮气门嘴 2 的安装位置，如图 6-66 箭头所示。

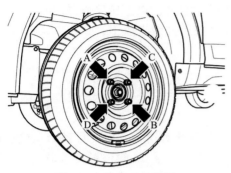

图 6-65　旋出车轮螺母

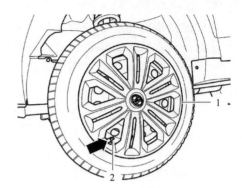

图 6-66　注意气门嘴的位置

四、轮胎的更换

1. 轮胎的拆卸

① 将气门嘴密封盖 1 从气门 3 上旋出，如图 6-67 所示。

② 将气门芯 2 从气门嘴 3 中旋出。

③ 在轮胎装配机上用轮缘松开器分别压入轮胎内外侧，如图 6-68 所示。

注意：气门嘴必须与轮缘松开器相对，轮缘松开器与轮辋凸缘的距离最大为 2cm。

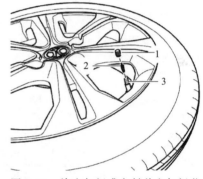

图 6-67　旋出气门嘴密封盖和气门芯

④ 压下轮胎，同时在轮胎胎圈和轮辋凸缘间（箭头 A）处涂抹轮胎装配膏，如图 6-69 所示。

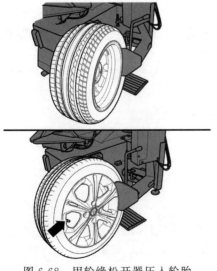

图 6-68　用轮缘松开器压入轮胎

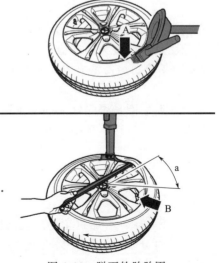

图 6-69　脱下轮胎胎圈

⑤ 将装配头固定在气门嘴（箭头 B）附近，以便轮胎胎圈撬棍能以大致 30°的角度从气门嘴附近插入。

注意： 装配头不允许位于气门嘴区域 a 内，因为装配头会损坏气门嘴。

⑥ 用轮胎撬棍将轮胎胎圈撬过装配头上的装配销，并再次取下轮胎撬棍。

⑦ 顺时针转动轮胎拆卸机，直到轮胎胎圈完全从轮辋凸缘上脱下。

⑧ 按照相同步骤将轮胎胎圈另一侧从轮辋凸缘上脱下。

2. 轮胎的组装

① 轮胎安装时应注意外侧方向，轮胎外侧会印有"OUTSIDE""生产日期（箭头 A）"或者"DOT"标记，如图 6-70 所示。

② 轮胎作为一种复合橡胶体，其质量分布难以做到绝对均匀，因此厂商会在轮胎的胎壁上标记上轮胎最轻点标识（黄色，箭头 C）；轮辋安装有气门嘴的位置质量最大，因而轮胎安装时应把轮胎最轻点标识对应气门嘴（箭头 B）安装，起到一个互补作用。

③ 用轮胎装配膏大量地涂抹轮辋的凸缘、胎圈和上部胎圈内侧。

④ 首先安装轮胎内侧。

⑤ 将车轮安装在装配机上，并且使气门嘴（箭头 A）与装配机相对，如图 6-71 所示。

⑥ 将轮胎压入气门嘴和装配头之间的轮辋凸缘（箭头 B）内。

注意： 检查轮胎在装配头上相对位置是否正确，并顺时针转动轮胎装配机。

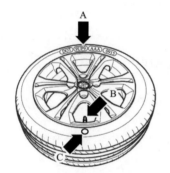

图 6-70　轮胎外侧标记和最轻点标识

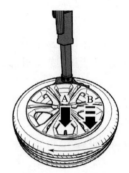

图 6-71　压入轮胎

⑦ 在气门嘴前侧结束轮胎的安装，以避免损坏气门嘴，这时，轮胎滑过轮辋凸缘。

⑧ 将轮胎气压调整为标准值。

提示： 如果轮胎胎圈没有完全紧贴轮辋凸缘，则排出空气，重新拆卸轮胎，并重复上述步骤。

⑨ 检查轮胎胎圈是否完好无损地紧贴在轮辋凸缘上。

⑩ 安装完成后进行车轮动平衡。

五、车轮的检查

1. 车轮失圆度检测

车轮运转不平顺性可通过车轮的失圆度来判定，即车轮的径向跳动和轴向跳动。

① 将轮胎百分表置于胎面及胎侧，用手缓缓转动车轮，记下测量仪数，并在轮胎的最大径向跳动处作出标记，如图 6-72 所示。

提示： 预紧轮胎百分表大约 2mm。

② 车轮的径向跳动应在 1.5mm 内，轴向跳动应在 1.5mm 内，若车轮径向及轴向跳动超出规范值，则可将轮胎沿轮辋旋转一定角度，使各部件的公差尽可能符合规定。

③ 将轮胎放气直至轮胎内无剩余压力，将胎圈压入轮辋槽沿轮辋转 120°。再次充气前须在胎圈及其表面涂上轮胎装配膏，然后充气至规定压力。充气后，再次检查径向及轴向跳动；若仍超差，则再转 120°。

④ 如不超出规范值而车轮有运转不平顺的现象，则应做动平衡。如仍超出规范值，则检查轮辋。

2. 轮辋的检查

① 将轮辋（不装轮胎）装在平衡机上或车辆上并对中，用测量仪测量其径向及轴向跳动，如图 6-73 所示。

失圆度 2 不得超过 0.5mm，轴向跳动 1 不得超过 0.5mm。

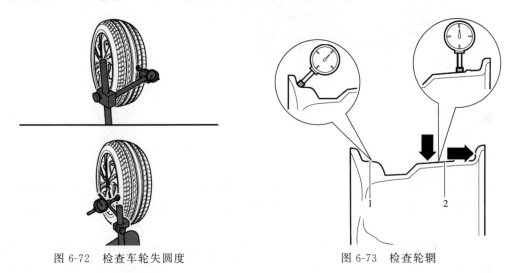

图 6-72　检查车轮失圆度　　　　图 6-73　检查轮辋

② 记录最小和最大的指针摆幅。

③ 比较测量值与额定值。如果测量值超过了额定值，则无法达到可以接受的行驶稳定性，必须更换轮辋。

六、车轮动平衡

车轮动平衡是指车轮中心面两边的重量分布都相等，使轮胎在旋转过程中，总成不会产生从中心面一边移到另一边的倾向。一般情况下，车辆在较高速行驶时，如果出现车轮抖动、转向盘振动现象，则极有可能是由车轮动不平衡所导致的。因此，上述情况发生时，最好的办法就是做车轮动平衡。车轮动平衡方法如下：

① 对被测车轮进行清洁，去掉泥土、砂石，拆掉旧平衡块。

② 将轮胎充气至规定值。

③ 将车轮安装到动平衡机上并锁紧。

④ 打开电源开关，检查指示装置是否指示正确。

⑤ 键入轮辋直径、宽度，测出轮辋边缘到机箱之间的距离并键入。

⑥ 放下防护罩，按下启动键，进行车轮动平衡测试，如图 6-74 所示。

⑦ 当车轮自动停转后，从指示装置读出车轮内、外动不平衡质量和位置。

⑧ 用手慢慢旋转车轮，当动平衡机指示装置发出信号时，停止转动车轮。

⑨ 如果车轮动平衡测试结果不符合规定值，需在1和2位置安装平衡块，直到车轮动平衡数据符合规定值，如图6-75所示。

图6-74 启动车轮动平衡机

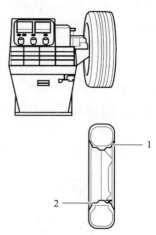

图6-75 安装平衡块

⑩ 重新启动动平衡机，进行动平衡试验，直至动不平衡量小于5g，机器显示合格为止。

七、轮胎换位方法

由于汽车在行驶过程中，前后轮的载荷、受力以及功能不同，因而汽车轮胎的磨损不同，为保持同一台车的轮胎磨损均匀，延长轮胎的使用寿命，并使寿命趋于一致，轮胎应定期换位。

通常情况下前轮比后轮的磨损更快，因此必须进行轮胎换位。轮胎的换位可以按照图6-76所示的方法循环进行。轮胎换位后应该重新调整胎压至规定值，并检查车轮螺母拧紧度。每次进行轮胎换位时，均应检查盘式制动器制动块的磨损情况。

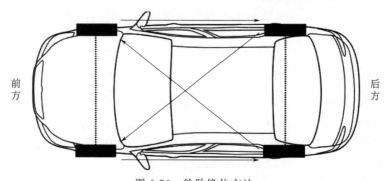

图6-76 轮胎换位方法

注意：由于结构原因，子午线轮胎往往在胎肩处磨损较快，特别是前胎。每行驶8000～12000km做一次轮胎换位，轮胎的寿命可以提高20%。

对于有全尺寸备胎的车辆，可按图6-77所示方法进行轮胎换位。

注意：如图6-78所示，径向（定向）轮胎有不对称胎面花纹，仅能调换前、后轮胎而不能调换左、右轮胎。

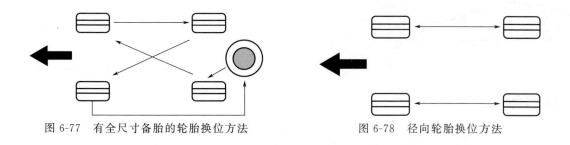

图 6-77　有全尺寸备胎的轮胎换位方法　　　　图 6-78　径向轮胎换位方法

八、前轮前束的调整

车轮定位参数应在空载状态下进行调整，定位参数调整好后，检查转向盘是否对中，否则松开转向盘锁紧螺母，调整转向盘至对中位置，再拧紧转向盘锁紧螺母至力矩要求。

① 固定外拉杆总成 1，旋松内拉杆总成 2 与外拉杆总成 1 的锁紧螺母（箭头 B），如图 6-79 所示。

② 从防尘罩 3 上松开小卡箍（箭头 A）。

③ 通过使用工具向顺时针或逆时针方向旋转内拉杆总成来调整前束至规定值。顺时针旋转内拉杆减小前束，逆时针旋转内拉杆增大前束。

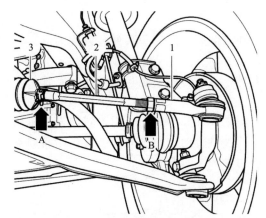

图 6-79　前轮前束的调整方法

注意：

- 调整前束时，两侧内拉杆总成需同时调整，调整时两侧同时缩短或同时伸长，且两侧的调整需相等。
- 旋转内拉杆总成时不要扭转防尘罩，被扭转的防尘罩会很快损坏。

④ 固定住外拉杆总成 1，旋紧内拉杆总成 2 与外拉杆总成 1 锁紧螺母（箭头 B），如图 6-79 所示。

⑤ 安装防尘罩 3 的小卡箍（箭头 A）。

⑥ 再次检测前束值。

提示： 拧紧内拉杆总成锁紧螺母后，已调整的数值可能会略有偏差。如果测得的前束值在公差范围内，则调整正确。

第七章 汽车转向系统

第一节 齿轮齿条式转向系统

一、概述

用来改变或保持汽车行驶或倒退方向的一系列装置称为汽车转向系统,其功能就是按照驾驶员的意愿控制汽车的行驶方向。

汽车转向系统分为两大类:机械转向系统和动力转向系统。完全靠驾驶员手动施力操纵的转向系统称为机械转向系统,系统所有传力件都是机械结构的。机械转向系统由转向操纵机构、转向器和转向传动机构三大部分组成,其中,转向操纵机构由转向盘、转向管柱、转向轴等组成,它的作用是将驾驶员转动转向盘的操纵力传给转向器。现代轿车一般采用齿轮齿条式机械转向系统,其结构如图7-1所示。

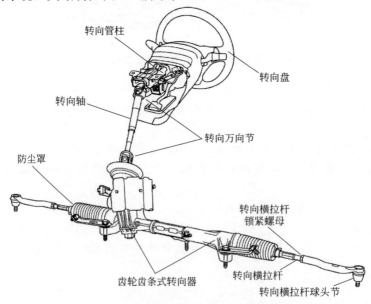

图7-1 齿轮齿条式机械转向系统

转向管柱的结构如图7-2所示。转向管柱是可折叠的机构,在车辆遭遇严重撞击时,考虑到发动机和转向系统部件位置的移动,转向管柱上部可向远离驾驶员的方向滑动,而下部则可伸缩。转向管柱安装在仪表板梁上。

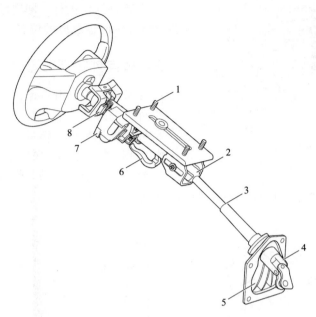

图7-2 转向管柱

1—螺钉(4个);2—转向管柱上万向节;3—转向管柱滑动柱;4—转向管柱下万向节;5—转向管柱密封盖;6—转向管柱调整解锁手柄;7—电动转向柱锁(ESCL);8—ESCL连接线束

转向盘高度及倾斜度在每个平面内都是可以调节的,为使倾斜度调节变得轻松,在每个调整终点处,都有一个平衡弹簧及限位衬垫。在转向管柱与前围隔板之间,有一个密封护圈。转向盘中心轮毂通过花键槽和转向管柱连接。喇叭开关、娱乐控制开关等都通过连接线与旋转耦合器接头相连。一个位于转向盘中心、塑料盖下面的气囊为驾驶员提供保护。

齿轮齿条式转向器的结构如图7-3所示,通过将转向轴、转向齿轮和转向齿条接合,将来自转向轴的旋转运动转换为转向齿条的水平直线运动。该直线运动通过内外球节传递至转向节,从而使轮胎产生左右转向。

二、转向盘的拆装

① 拆卸驾驶员侧主安全气囊。
② 将转向盘总成转至直线行驶位置。
③ 断开时钟弹簧连接插头(箭头B),旋出转向盘总成的固定螺母(箭头A),如图7-4所示。
④ 将转向盘总成从转向管柱上拔出。

提示:

• 在取出转向盘总成时,注意转向管柱和转

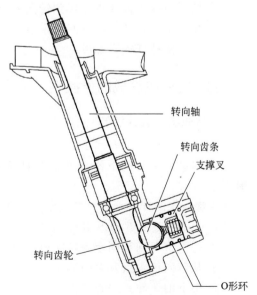

图7-3 齿轮齿条式转向器

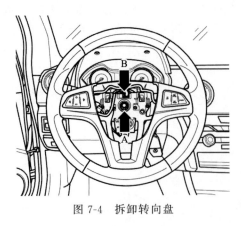

图 7-4 拆卸转向盘

向盘总成的标记。

• 若转向管柱上没有标记，在取下转向盘总成前用记号笔在转向管柱上做标记。

⑤ 安装以倒序进行，同时注意安装后，在试车时必须检查转向盘总成的位置。

三、转向外拉杆的更换

① 在举升机上举升汽车。

② 拆下前车轮。

③ 拆下横拉杆球头螺母，使用球头节拆卸工具分离横拉杆球头，如图 7-5 所示。

④ 松开转向横拉杆锁紧螺母。

⑤ 标记好外拉杆在内拉杆螺纹上的相对位置，从动力转向机上拧下转向横拉杆，如图 7-6 所示。

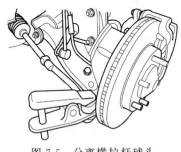

图 7-5 分离横拉杆球头

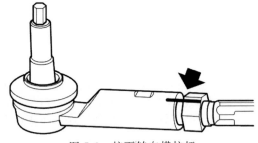

图 7-6 拧下转向横拉杆

⑥ 安装时，拧紧转向横拉杆至内拉杆螺纹上的标记位置，并使转向横拉杆球头向上，暂时不要紧固横拉杆锁紧螺母。

⑦ 把转向横拉杆球头连接到转向节上，装上新的螺母并拧紧到 (90 ± 5) N·m。

⑧ 装上车轮，然后进行四轮定位。

⑨ 拧紧横拉杆锁紧螺母。

四、转向机总成的更换

1. 转向机总成的拆卸

① 在举升机上举升汽车。

② 揭去地毯并向下滑动转向管柱密封件，以便露出将万向节固定到转向机总成上的螺栓。

注意：在断开转向连杆任何部件之前，确保车轮处于直前位置，同时防止转向盘转动。转向盘转动将会损坏 SRS 时钟弹簧。

③ 拆下将万向节固定到转向机总成上的螺栓并废弃，如图 7-7 所示。

④ 从转向机上松开万向节。

⑤ 拆下前车轮。

⑥ 拆下紧固转向横拉杆到转向臂的螺母。将一个 M10 螺母安装在球销上，与销端齐

平，如图7-8所示。

⑦ 用球头节拆卸工具松开转向臂上的转向横拉杆球头，从球销上拆下 M10 螺母。

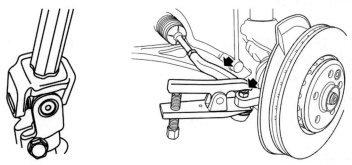

图 7-7　拆下转向万向节螺栓　　　图 7-8　松开转向横拉杆球头

⑧ 拆下把横向稳定杆连接杆固定到横向稳定杆上的螺母并松开横向稳定杆连接杆。
⑨ 将横向稳定杆放到旁边。
⑩ 用液压举升设备支撑副车架的后部。
⑪ 松开固定前副车架撑板后面的 2 个安装螺栓，如图 7-9 所示。
⑫ 拆下将副车架和副车架支撑杆紧固到车身上的两个中心螺栓和后部螺栓并废弃，收集好垫圈。
⑬ 降低副车架的后部。
⑭ 拆下将转向机总成固定到副车架上的两个螺栓。
⑮ 将转向机总成从驾驶员侧抽出。
⑯ 拆下转向机总成输入轴密封圈。
⑰ 标记每个转向横拉杆端锁紧螺母的位置以作为安装的参考。
⑱ 拆下转向机总成上的转向横拉杆端锁紧螺母，如图 7-10 所示。

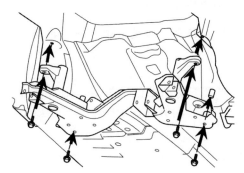
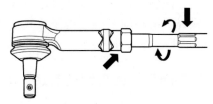

图 7-9　松开前副车架螺栓　　　图 7-10　拆下转向横拉杆端锁紧螺母

2. 转向机总成的安装

① 按照拆卸时记录的螺纹标记，使转向机总成对中并把每个锁止螺母固定到转向横拉杆上。
② 把转向横拉杆球头拧到转向机的锁止螺母上，使转向横拉杆球头向上。
③ 安装转向机总成输入轴密封件，确保密封件上的凹口位于齿轮上凸起的标记处。
④ 将转向机总成定位到副车架上，小心不要弄掉转向机输入轴密封件。
⑤ 安装两个上螺栓并拧紧到 100～130N·m。

⑥ 举升起副车架，安装垫圈、副车架支撑杆和固定副车架的新螺栓并拧紧到105～126N·m。

⑦ 装上将副车架支撑杆固定到车身上的螺栓到64～77N·m。

⑧ 移走液压举升设备。

⑨ 装上横向稳定杆连接杆到横向稳定杆，装上螺母并拧紧到40～60N·m。

⑩ 连接转向横拉杆到转向臂，安装新螺母并拧紧到35～45N·m。

⑪ 安装车轮并拧紧螺栓到115～130N·m。

⑫ 安装将万向节固定到转向机总成输入轴上的新螺栓，并拧紧到18～25N·m。

⑬ 固定好万向节密封件，将地毯放回原位。

五、转向管柱的检查

若转向管柱出现故障，可拆下转向管柱后，对其进行以下检查：

① 检查转向管柱滚珠轴承A和转向球笼轴承B的间隙以及运动是否正常，如图7-11所示。如果任一轴承有噪声或间隙过大，则将转向管柱作为一个总成予以更换。

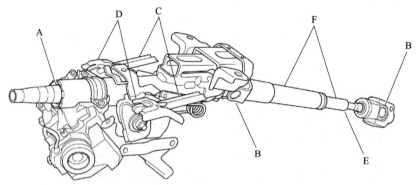

图7-11 检查转向管柱各部分

② 检查吸能板C和滑动膜盒D是否变形或断裂。如果变形或断裂，则将转向管柱作为一个总成予以更换。

③ 检查倾斜机构和伸缩机构是否移动和损坏。

④ 检查下滑动轴E是否能平稳移进和移出。如果下滑动轴已被拆下，则对准油漆标记或压印标记F，将其滑入上轴。如果卡滞或受阻，则将转向管柱作为一个总成予以更换。

六、转向管柱的拆卸和安装（本田飞度）

1. 转向管柱的拆卸

① 断开蓄电池端子。

② 松开锁止杆，调节转向管柱至完全向上倾斜和完全向内收缩的位置。

③ 紧固锁止杆。

④ 拆下驾驶员气囊。

⑤ 拆下驾驶员侧仪表板底盖。

⑥ 拆下转向球笼盖A，如图7-12所示。

⑦ 如图7-13所示，用下滑动轴的球笼叉C和上端轴的球笼叉D之间的一段钢丝B，将下滑动轴A固定到转向管柱上，以防下滑动轴拉出。

第七章 汽车转向系统 —— 157

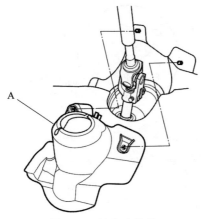

图7-12 转向球笼盖

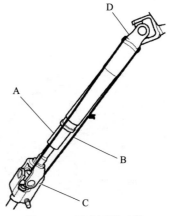

图7-13 固定下滑动轴

⑧ 松开锁止杆,调节转向管柱至完全向外伸出的位置,然后紧固锁止杆。

注意:从车架上拆下转向管柱时,不要松开锁止杆。

⑨ 拆下转向球笼螺栓A,如图7-14所示。

⑩ 通过将转向球笼移向转向管柱,断开转向球笼A,如图7-15所示。

注意:如果中央导向件B位置正确并且没有移动,保持它在原位;如果中央导向件已被移动或被拆下,则报废处理。

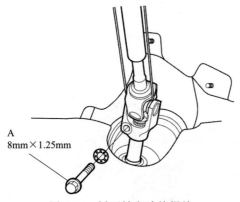

图7-14 拆下转向球笼螺栓

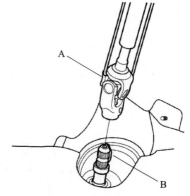

图7-15 断开转向球笼

⑪ 拆下转向管柱盖。

⑫ 将插接器从点火开关上断开,并将线束夹A从转向管柱上松开,如图7-16所示。

⑬ 将线束插接器从组合开关总成/线盘B上断开。

⑭ 拆下三个螺钉C,将组合开关总成从转向管柱轴上拆下。

⑮ 拆下连接螺母和螺栓,将转向管柱D拆下。如果下滑动轴E已被拆下,则对准油漆标记或压印标记G,将其滑入上端轴F。

2. 转向管柱的安装

① 按照与拆卸相反的顺序安装转向管柱,并注意以下事项:

• 按以下顺序将转向管柱安装螺母和螺栓紧固至规定转矩,先紧固螺栓,然后再紧固螺母。

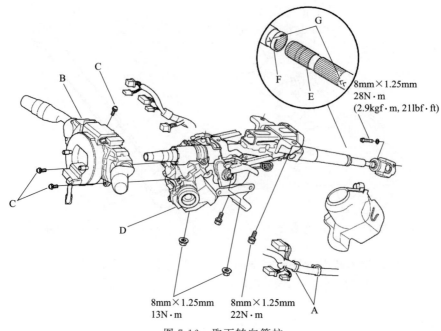

图 7-16 取下转向管柱

- 确保线束未被任何零件卡住或夹住。
- 安装转向管柱时，小心不要让滑动膜盒滑出安装位置。
- 按所示顺序紧固三个螺钉 A，如图 7-17 所示。

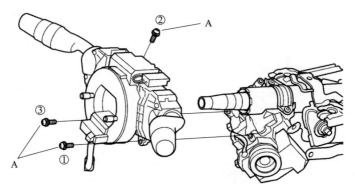

图 7-17 紧固组合开关总成

② 在其行程内使转向齿条居中。
③ 将齿条置于行驶位置正前方，然后切断线束。
④ 将转向球笼（万向节）A 的下端滑到小齿轮轴 B 上，如图 7-18 所示。
注意：
- 带有中央导向件的小齿轮轴，对准中央导向件 C 安装转向球笼。
- 不带中央导向件的小齿轮轴，将切口 D 与角对准以定位转向管柱。

⑤ 松开锁止杆，调节转向管柱至完全向下倾斜和完全向外收缩的位置，然后紧固锁止杆。
⑥ 如图 7-19 所示，将转向球笼上的螺栓孔 A 与小齿轮轴周围的凹槽 B 对准，然后松弛地安装下转向球笼螺栓 C，确保球笼螺栓牢固就位于小齿轮轴的凹槽中。

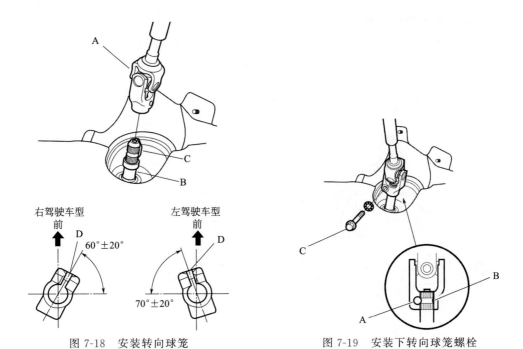

图 7-18 安装转向球笼　　图 7-19 安装下转向球笼螺栓

⑦ 拉动转向球笼以确保转向球笼完全就位,然后将下转向球笼螺栓紧固至规定转矩。
⑧ 安装转向球笼盖。
⑨ 安装转向盘。
⑩ 连接蓄电池端子,并执行以下事项:
- 将点火开关转至 ON 位置,检查并确认 SRS 指示灯应点亮约 6s 然后熄灭。
- 确保喇叭和转向信号开关工作正常。
- 确保转向盘开关工作正常。
⑪ 安装后,进行这些检查:
- 检查转向盘辐角。如果转向盘辐角左右不一致(转向盘和齿条未居中),校正球笼/小齿轮轴花键的啮合。
- 将转向管柱设置到中间倾斜位置和中间伸缩位置,然后执行前束检查。

第二节　液压助力转向系统

一、概述

液压助力转向系统是在驾驶员的控制下,通过汽车发动机带动转向液压泵产生的液体压力来实现车轮转向的助力转向系统。车辆采用液压助力转向系统时,转向操纵更加灵活、轻便,而且能够吸收来自不平路面的冲击。

如图 7-20 所示,液压助力转向系统主要由转向液压泵、V 形传动带、储液罐、分配阀(控制阀)、液压缸、动力转向器、油管及管接头等附件组成。采用常流式的动力转向装置,在车辆不转向时,液压系统内的工作油是低压,分配阀中的滑阀处于中间位置,即从液压泵输出的工作油经分配阀返回储液罐。

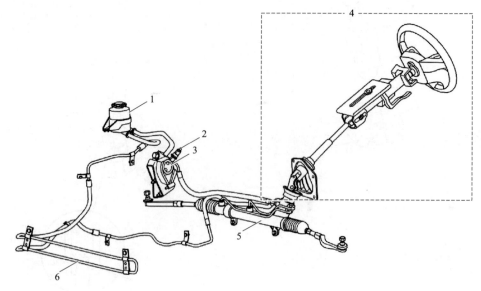

图 7-20　液压助力转向系统

1—储液罐；2—压力传感器；3—转向液压泵；4—转向管柱总成；5—动力转向器总成；6—转向油冷却器

液压助力转向系统的液压回路如图 7-21 所示。发动机启动后，动力转向油泵将转向油罐中的助力油液吸入到低压进油管，助力油液经过转向动力泵后，在出油口处变成高压油液，高压油液经过一根高压油管，到达转向阀。如果未施加转向力，则转向机油缸活塞两侧的压力相等，其余的油液从转向阀，经过动力转向油冷却管，返回转向油罐。

如果施加了向任意一侧转向的转向力，则油液的压力被引入转向机油缸活塞相应的一

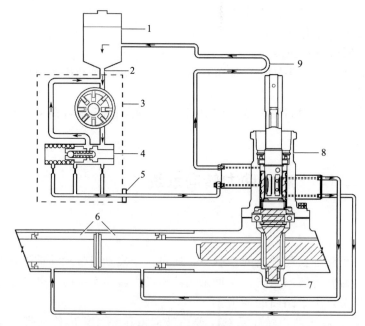

图 7-21　液压助力转向系统液压回路

1—转向油罐；2—低压进油管；3—转向动力泵；4—出油口；5—流量控制/安全阀；6—转向机油缸；
7—齿轮齿条转向机构；8—转向阀单元；9—动力转向油冷却管

侧，提供转向助力，减少所需的转向力。由于转向机油缸中活塞运动而排出的转向动力油液，从转向阀，经过动力转向油冷却管，返回转向油罐。动力转向油冷却管降低助力油液的温度，延长系统中软管及密封件的寿命。

如图 7-22 所示，转向阀单元由一个外圆柱滑阀、转子、扭力杆及小齿轮轴组成。转向阀单元是一个带小齿轮轴的双轴型结构，小齿轮轴通过输入轴与转向管柱相连接。

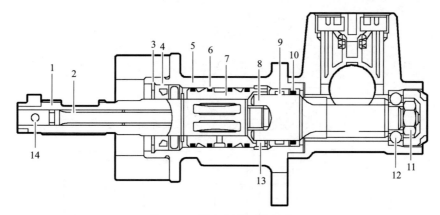

图 7-22 转向阀单元的结构

1—输入轴；2—扭力杆；3—限位卡环；4,10—润滑油密封圈；5—阀壳体；6—密封圈（4个）；7—外圆柱滑阀；8—小齿轮轴；9,12—轴承；11—螺母；13—小齿轮轴与扭力杆连接销；14—转子与扭力杆连接销

输入轴外端加工有花键及一个供扭力杆用的横向孔，内端也有花键，与小齿轮轴上相对应的花键为间隙配合。花键的宽度允许扭力杆在两个花键彼此啮合前扭转几度。小齿轮轴与输入轴之间的花键连接，确保在转向助力失效时，转向系统可以手动操纵，且不会使扭力杆超载。在输入轴中心部分圆周上，等间距地机加工有纵向狭槽，这些狭槽沿输入轴圆周交替布置。

扭力杆装配在转子内，以插销的方式与输入轴及小齿轮轴连接。扭力杆中间部分的直径经机加工后，略小于两端的直径。略小的直径允许扭力杆根据施加在转向盘上的转矩作相应的扭转。转向盘的转动通过转向管柱传递到安装在齿轮齿条转向机构上的转向阀上。转向的旋转运动通过齿轮及齿条，转换成转向齿条的直线运动。在发动机运转及动力转向油泵运行的情况下，转向机上有高压液流，提供转向助力。

如图 7-23 所示，当转向盘处于直线行驶状态时，动力转向油液从动力转向油泵流向转向阀。外圆柱滑阀上的狭槽与转子上的狭槽对齐，使得油液压力越过转向阀。部分压力施加到转向机油缸的进液及回液侧，这部分压力被转向机油缸两侧的活塞感知。由于转向机油缸两侧的压力相等，转向保持在中间位置。由于大部分液体已经流回到转向油罐里，故活塞两侧的压力都非常低。

如图 7-24 所示，当车辆向左转向时，逆时针转动转向盘，转子和扭力杆也向同方向旋转。转子上的狭槽位置已经改变，不在它们的中间对齐位置上，并堵塞了至转向油罐的回流液流。来自动力转向油泵的液体压力，从现在开始，从动力转向油泵流进转子与外圆柱滑阀上新对齐的狭槽内，液体压力通过对齐的狭槽被引向转向机油缸的左侧，从而使转向机左侧油缸压力增加。转向机右侧油缸的回流口是开启的，允许液流从转向机右侧油缸活塞流向动力转向油罐。转向机左侧油缸活塞及右侧处的压力差便产生转向助力。

当转向盘向左或向右转动时，旋转运动通过转向管柱传递到转子轴上，并使转子轴以与转向盘相同的转动量转动。旋转运动同时也从转子传递到扭力杆。如果车轮阻力很高（如驻车状态),则扭力杆将会扭转。扭力杆的扭转意味着小齿轮及滑阀的旋转量略小于转子。车轮对转向旋转运动的路面阻力越大,转子与扭力杆上狭槽的偏转量越大,随着偏转量的加大,流经转向机油缸相应一侧的液体压力增加。当车轮的路面阻力减小或施加在转向盘上的转动力减小,则施加在转子上的转矩减小,扭力杆放松,减少了转子与扭力杆狭槽间的偏转量,从而减小施加在转向机油缸相应一侧的液体压力。

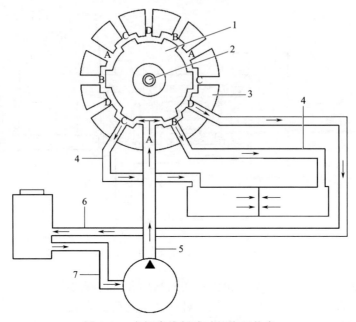

图 7-23 车辆直线行驶时的液压状态

1—转子;2—扭力杆;3—滑阀;4—转向机油缸的压力油流;5—动力转向油泵的压力油;6—储液罐回油;7—储液罐供油

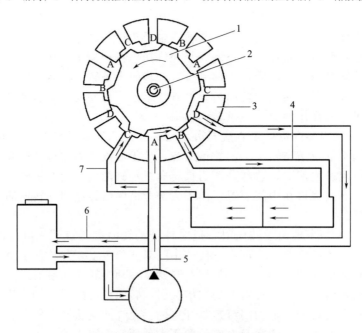

图 7-24 车辆向左转向时的液压状态

1—转子;2—扭力杆;3—滑阀;4—转向机左侧油缸的压力油流;5—动力转向油泵的压力油;
6—储液罐回油;7—转向机右侧油缸的油流

二、检查转向油泵传动带

目视检查转向油泵传动带是否过度磨损、帘线是否破损等。如果发现缺陷,则更换转向油泵传动带。

提示: 转向油泵传动带的带棱侧出现一些裂纹是可以接受的,但如果棱有任何的缺失,则应更换传动带。

三、检查转向油液位

① 将车辆停放在平坦的路面上。
② 检查转向油液位,如图 7-25 所示。

注意:
- 此步骤不需要启动发动机。
- 若转向油处于冷态,则检查油位是否在油标尺冷的刻度范围内。
- 若转向油处于热态,则检查油位是否在油标尺热的刻度范围内。

③ 启动发动机,并怠速运转。
④ 使用千斤顶或举升机,使左、右前轮同时离开地面。在两侧极限位置间转动转向盘数次,提升转向油温度。

注意: 转向盘在极限位置处停留时间不得超过 4s,以免损坏转向油泵。

⑤ 检查转向油是否浑浊或含有气泡。若发现转向油浑浊或含有气泡,则进行转向油排气。
⑥ 保持发动机怠速运转,检查转向油液位。
⑦ 关闭发动机。
⑧ 等候几分钟,再次检查转向油液位。
⑨ 比较步骤⑥与步骤⑧得到的转向油液位。如图 7-26 所示,转向油液位上升应 ≤5mm。若转向油液位上升距离超过极限值,则进行转向油排气。
⑩ 最终检查转向油液位,视需要加注转向油。

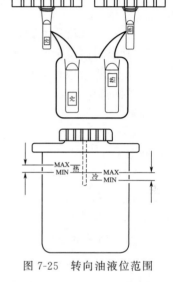

图 7-25 转向油液位范围

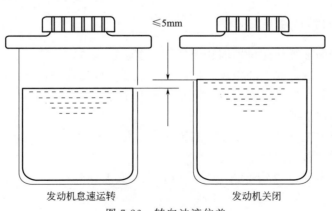

图 7-26 转向油液位差

四、转向油的更换

1. 排放转向油

① 使用千斤顶或举升机,使左、右前轮同时离开地面。
② 松开螺栓,取下发动机下装饰板。
③ 逆时针旋转转向油罐盖,将其取下。
④ 松开环箍,分开低压油管与转向机,如图 7-27 所示。
⑤ 启动发动机,并怠速运转。
⑥ 放出转向机和转向油罐中的转向油。
⑦ 在两侧极限位置间转动转向盘数次,直至不再有转向油流出。

注意:

• 此步骤整个过程,不得超过 10s,以免损坏转向油泵。

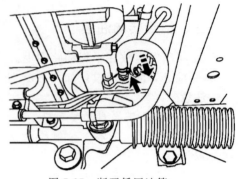

图 7-27 断开低压油管

• 转向盘在极限位置处停留时间不得超过 4s,以免损坏转向油泵。

⑧ 关闭发动机。

2. 加注转向油

① 连接低压油管与转向机,并拧紧环箍。
② 向转向油罐中注入转向油。
③ 启动发动机,并怠速运转。
④ 在两侧极限位置间转动转向盘数次,直至转向油罐中转向油液位不再下降且没有气泡产生为止。
⑤ 检查转向油液位,视需要补注。
⑥ 顺时针拧紧转向油罐盖。
⑦ 关闭发动机。
⑧ 将发动机下装饰板放置到位并拧紧固定螺栓。

五、动力转向系统排气

① 清洁动力转向油罐加注口周围和液位指示器。
② 从动力转向油罐上拧下油罐盖,把转向油液加注到油尺的最低刻度和最高刻度之间。
③ 启动发动机,并在怠速下运转 10s,停止发动机。
④ 加满动力转向油罐。
⑤ 启动发动机并充分转向到左和右的锁死点,停止发动机。
⑥ 再次加满动力转向油罐。
⑦ 启动并运转发动机 2min,并充分转向到左和右的锁死点。

注意: 不要使转向机停止在锁死点超过 4s。

⑧ 停止发动机。
⑨ 检查转向油罐。如图 7-28 所示,如果有气泡排出,等到油液里没有气泡排出为止,

再加注转向油液到最低刻度和最高刻度之间。
⑩ 装上动力转向油罐加注口的盖子。

六、动力转向油泵的更换

1. 动力转向油泵的拆卸

① 断开蓄电池接地线。
② 放置容器以收集溢出的液体。
③ 断开 PAS 压力传感器的连接器。

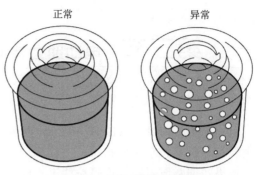

图 7-28 转向油液气泡现象

提示：将转向盘转至锁止位置时，助力转向系统会给发动机带来较大的附加载荷，为了避免发动机停机或低速空转，PAS 压力传感器向发动机 ECU 发送压力信号，以提高发动机空转转速。

④ 从动力转向油泵上拧下出油管的连接螺栓，拆下两个密封垫圈并废弃。
⑤ 拆下将进液软管固定到 PAS 泵上的夹箍并废弃，断开软管的连接。
⑥ 旋松 PAS 泵上的带轮螺栓，如图 7-29 所示。
⑦ 拆下 PAS 泵带和带轮。
⑧ 拆下将 PAS 泵带轮固定到 PAS 泵上的三个螺栓并拆下带轮。
⑨ 拆下将 PAS 泵固定到安装支架上的螺栓和螺母并拆下 PAS 泵，如图 7-30 所示。

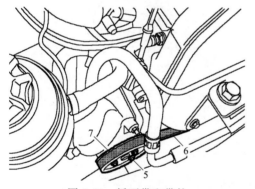

图 7-29 拆下带和带轮

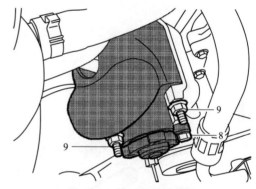

图 7-30 拆下螺栓和螺母

2. 动力转向油泵的安装

① 将 PAS 泵装到安装支架上。
② 安装将 PAS 泵固定到安装架上的螺母和螺栓并拧紧到 45N·m。
③ 安装将 PAS 泵固定到 PAS 泵带轮的螺栓，但暂时不要拧紧。
④ 安装 PAS 泵带。
⑤ 拧紧将 PAS 泵带轮固定到 PAS 泵上的螺栓到 25N·m。
⑥ 将进液软管安装到 PAS 泵上并用新管夹固定。
⑦ 安装新的密封垫圈并将进油管安装到 PAS 泵上并拧紧管接头到 18～22N·m。
⑧ 连接 PAS 压力传感器的连接器。
⑨ 连接蓄电池接地端。
⑩ 对 PAS 系统排气。

第三节 电动助力转向系统

一、概述

电动助力转向系统（EPS）是一种直接依靠电机提供辅助转矩的动力转向系统，EPS 主要由转矩传感器、车速传感器、电动机、减速机构和电子控制单元（ECU）等组成。当驾驶员操纵转向盘时，转矩传感器产生相应的电压信号给 ECU，ECU 结合车速信号产生控制指令控制电机的运转，给转向提供适当的助力。汽车不转向时，电子控制单元不向电动机控制单元发出指令，电动机不工作。

电动助力转向有两种实现方式。一种是对转向管柱施加助力，将助力电机经减速增扭后直接连接在转向管柱上，电机输出的辅助转矩直接施加在转向管柱上，相当于电机直接帮助我们转动转向盘。另一种是对转向齿条施加助力，将助力电机安装在转向器总成上，直接用助力电机推动齿条移动使车轮转向。

通过转向管柱施加助力的电动助力转向系统（广汽传祺 GS4）如图 7-31 所示。

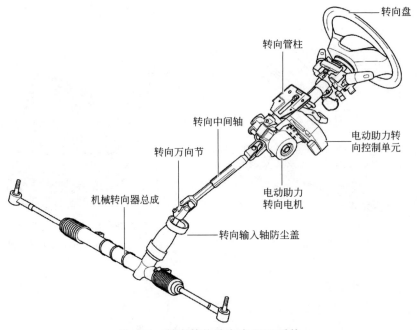

图 7-31　转向管柱助力式 EPS 系统

通过转向器齿条施加助力的电动助力转向系统如图 7-32 所示。

如图 7-33 所示，驾驶员在操纵转向盘进行转向时，一方面，输入轴 1 的力将直接通过齿轮齿条啮合 4 传至驱动齿条 3；另一方面，转角传感器（位于组合开关下方）、转矩传感器 2、轮速传感器检测到转向盘的转向、转矩以及车速的大小，将电压信号输送到电动助力 ECU，ECU 根据信号向助力电机 5 发出指令，使助力电机 5 输出相应大小和方向的助力转矩，通过带和带轮 7 及滚珠螺母组件 8 将动力传动至驱动齿条 3，从而产生辅助动力。汽车不转向时，ECU 不向电机发出指令，电机不工作。

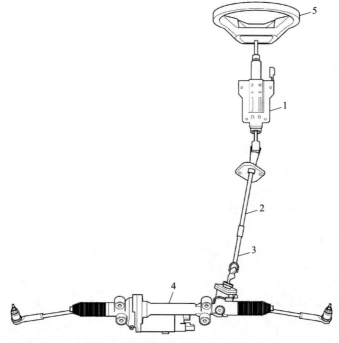

图 7-32 齿条助力式 EPS 系统

1—转向管柱；2—转向中间轴；3—转向中间轴延长轴；4—电动转向器总成；5—转向盘

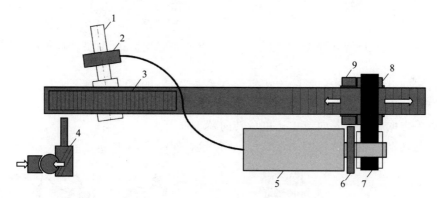

图 7-33 齿条助力式 EPS 的工作原理

1—输入轴；2—转矩传感器；3—驱动齿条；4—齿轮齿条啮合；5—助力电机；
6—偏向轮；7—带和带轮；8—滚珠螺母组件；9—轴承

与传统的液压助力转向系统相比，EPS 系统具有如下优点：

① 只在转向时电机才提供助力，可以显著降低燃油消耗。

② 转向助力大小可以通过软件调整，能够兼顾低速时的转向轻便性和高速时的操纵稳定性，回正性能好。

③ 取消了油泵、油管等液压助力装置，结构更加紧凑，占用体积更小，质量小，且易于维护保养。

二、电动助力转向管柱总成的拆装

广汽传祺 GS4 轿车电动助力转向管柱总成的拆装方法如下：

① 关闭所有用电器,关闭点火开关。
② 断开蓄电池负极连接。
③ 将转向盘转到中间位置(车轮处于直线行驶位置)。
④ 将电动助力转向管柱总成调低至极限的位置,并锁止。
⑤ 拆卸组合开关总成。
⑥ 拆卸驾驶侧下板。
⑦ 撬开线束卡(箭头 A),如图 7-34 所示。
⑧ 断开防盗线圈连接插头(箭头 B)。
⑨ 断开点火开关连接插头(箭头 C)。
⑩ 断开连接插头(箭头 D)。
⑪ 断开电动助力转向控制单元的连接插头,如图 7-35 所示。

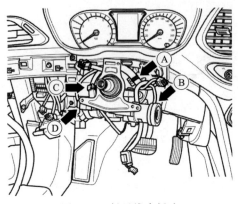

图 7-34 断开线束插头

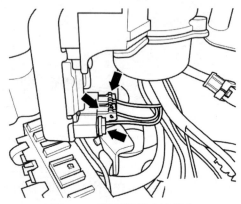

图 7-35 断开控制单元插头

⑫ 旋出转向万向节与转向器的连接螺栓(箭头 A),如图 7-36 所示。
螺栓拧紧力矩:(35±3)N·m。
⑬ 沿箭头方向将转向万向节 1 从机械转向器上脱开。
⑭ 旋出电动助力转向管柱的固定螺母(箭头),如图 7-37 所示。

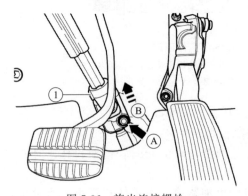

图 7-36 旋出连接螺栓

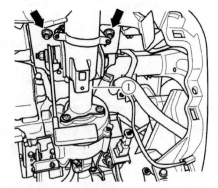

图 7-37 旋出转向管柱固定螺母

螺母拧紧力矩:(33±3)N·m。
⑮ 将电动助力转向管柱 1 往下降。
⑯ 旋出电动助力转向管柱的固定螺栓(箭头),如图 7-38 所示。

⑰ 将电动助力转向管柱总成 1 及点火开关、转向管柱开关一起取出。

螺母拧紧力矩：(33±3)N·m。

⑱ 将电动助力转向管柱总成与转向锁及点火开关总成、转向管柱开关分离。

⑲ 安装大体以倒序进行，同时注意以下事项：

· 安装转向万向节时，必须将转向万向节的螺栓孔与转向轴的平面部分对齐。

· 以规定力矩拧紧固定螺栓。

· 安装完成后，需用诊断仪对转向盘转角传感器进行基本设定。

· 安装完成后，进行四轮定位。

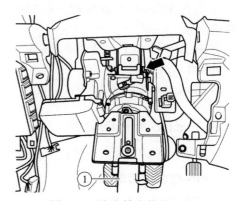

图 7-38 取出转向管柱总成

三、EPS 电控系统的维修操作

由于设计和制造时的质量保证，飞度轿车电动助力转向系统的故障比较少，检测也比较方便，读取故障码所用到的仪器也是本田车通用的 PGM 测试仪或本田诊断系统（HDS）等。读完故障码后，按本田飞度维修手册的说明进行换件修理。

1. 读取 DTC

① 点火开关置于 LOCK（0）位置，将 HDS 连接到驾驶员侧仪表板下的数据插接器（DLC）上。

② 将点火开关转至 ON（Ⅱ）位置。

③ 确保 HDS 与车辆和 EPS 控制单元正常通信。如果不能进行通信，对 DLC 电路进行故障排除。

④ 根据 HDS 上的提示，在显示屏上显示 DTC。确定 DTC 后，进行故障排除。

⑤ 将点火开关转至 LOCK（0）位置。

2. 清除 DTC

① 点火开关置于 LOCK（0）位置，将 HDS 连接到驾驶员侧仪表板下的数据插接器（DLC）上。

② 将点火开关转至 ON（Ⅱ）位置。

③ 确保 HDS 与车辆和 EPS 控制单元正常通信。如果不能进行通信，对 DLC 电路进行故障排除。

④ 根据 HDS 屏幕上的提示，清除 DTC。

⑤ 将点火开关转至 LOCK（0）位置。

3. 记忆转矩传感器中间位置

每次更换转向器、EPS 电机或 EPS 控制单元时，必须记忆转矩传感器中间位置。注意当清除 DTC 时转矩传感器中间位置不受影响。

注意：转矩传感器对温度敏感。记忆转矩传感器中间位置时，环境温度必须高于 20℃。

① 点火开关置于 LOCK 位置，将 HDS 连接到驾驶员侧仪表板下的 DLC 上。

② 将点火开关转至 ON 位置。

③ 确保 HDS 与车辆和 EPS 控制单元正常通信。如果不能进行通信，对 DLC 电路进行故障排除。

④ 从 EPS 菜单上，选择杂项测试，然后选择转矩传感器学习并按照 HDS 屏幕上的提示进行操作。

⑤ 将点火开关转至 LOCK 位置。

四、EPS 电机的更换

电动助力转向系统的电机因过热损坏或产生故障时，可直接进行更换。

1. EPS 电机的拆卸

① 拆下电动助力转向器总成。

② 从插接器托架 B 上拆下转矩传感器 4 针插接器 A，如图 7-39 所示。

③ 拆下插接器托架安装螺栓 A，然后拆下 EPS 电机 B 和 O 形圈 C，如图 7-40 所示。

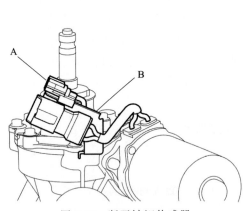

图 7-39 断开转矩传感器

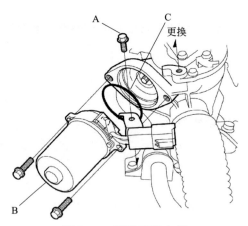

图 7-40 拆下 EPS 电机

2. EPS 电机的安装

① 清理 EPS 电机 A 和转向器的接合面，如图 7-41 所示。

② 将转向机构润滑脂涂抹到新的 O 形圈 B 上，并小心地将它安装到 EPS 电机上。

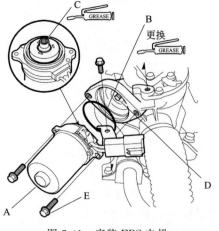

图 7-41 安装 EPS 电机

③ 将转向机构润滑脂涂抹到 EPS 电机轴 C 上。

④ 通过啮合 EPS 电机轴和蜗轴 D 将 EPS 电机安装到转向器上。

⑤ 将 EPS 电机右转和左转约 45°两至三次。确保 EPS 电机平齐安装在转向器上，并且 O 形圈没有卡在接合面之间。

⑥ 松弛地安装 EPS 电机安装螺栓 E，然后将转向盘向左和向右转动约 45°两至三次。

⑦ 将 EPS 电机安装螺栓紧固至规定转矩。

⑧ 将转矩传感器 4 针插接器安装到插接器托架上。

⑨ 安装转向器。

第八章

汽车制动系统

第一节 液压制动系统

一、概述

汽车制动系统的作用是根据需要使汽车减速或在最短的距离内停车,以保证行车的安全。汽车制动系统主要包括液压制动系统和驻车制动系统。

液压制动系统的组成如图8-1所示,系统由制动踏板总成、制动助力器(真空助力器)、制动总泵、比例阀、盘式/鼓式制动器、制动分泵、制动软管和管路等组成。

液压制动系统的结构如图8-2所示。系统通常采用液压X形双回路布置,通过操纵制动

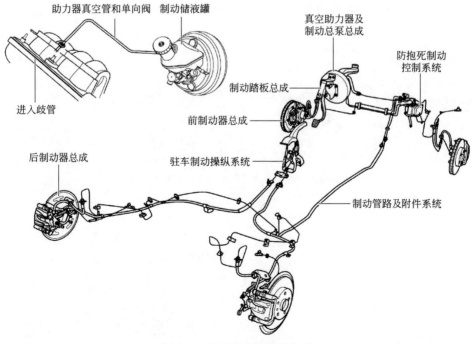

图8-1 液压制动系统的组成

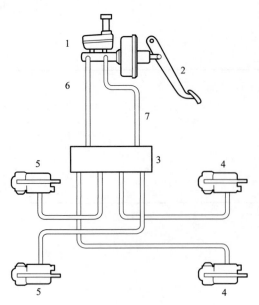

图 8-2 液压制动系统的结构
1—制动主缸/真空助力器总成；2—制动踏板；
3—ABS 调节器；4—后轮制动器；
5—前轮制动器；6—副液压回路；
7—主液压回路

踏板产生踏板力，经真空助力器带制动泵总成放大产生液压力，经制动管路传递给前后制动器作用于轮胎产生制动力，体现行车制动功能。行车制动系统配置 ABS（包括 EBD），对四轮制动力进行必要调节，保证行车制动的可靠性。

真空助力器总成在制动时提供助力，以减少当制动时所需要的踏板力。真空助力器总成的真空从发动机的进气歧管，经过真空管路及一个单向阀获得。如果真空助力器总成失效，液压系统仍旧具备制动功能，但由于缺少真空助力，需要更大的踏板制动力。

踩下制动踏板时，制动踏板的位移由真空助力器助力，并传递到制动主缸总成。制动主缸总成将制动踏板的移动转换成液压压力。主及副液压回路管路将液压压力通过 ABS 调节器传递到制动器上。主回路提供压力至左前及右后制动器，副回路提供压力至右前及左后制动器。

制动踏板和真空助力器总成的结构如图 8-3 所示。制动踏板安装在位于前围隔板上的制动踏板安装支架上，制动助力器输入杆用杆销及 U 形夹片连接到制动踏板上。制动踏板顶部还安装有一个制动灯开关，踏下制动踏板，制动灯开关将接通制动灯电路，点亮制动灯，并向其他控制单元输出制动信号。

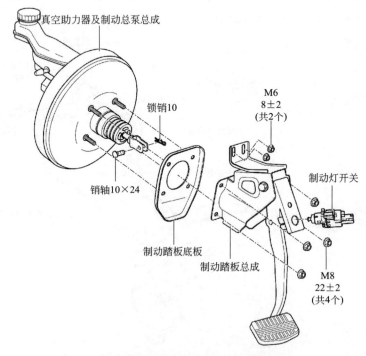

图 8-3 制动踏板和真空助力器总成（单位：mm）

真空助力器总成通过4个双头螺栓连接到前围隔板上。制动主缸总成连接在真空助力器总成前端的两个固定螺栓上。真空助力器总成由含双层膜片的圆壳、中心板、控制阀总成、输入推杆、输出推杆及滤清器组成。输入推杆连接在制动踏板上，输出推杆位于制动主缸的主活塞内。在控制阀总成上、控制阀从后壳伸出的地方安装有橡胶保护套。在前壳上有孔，连接到从发动机过来的真空管，在真空管上安装有单向阀。

制动主缸（总泵）总成的结构如图8-4所示。当制动踏板踩下时，制动主缸总成产生液压压力，使制动器工作。该总成安装在真空助力器的前面，含有一个泵体，泵体中前后共安装有两个活塞。后面的活塞为主回路产生制动压力，前面的活塞为副回路产生制动压力。制动储液罐安装在主缸的顶部。储液罐内部分隔，独立为每个制动回路供液，这样就避免了因一处制动液泄漏而导致主及副制动回路均不能工作的情况。如果一个制动回路有故障，则剩下的制动回路仍能够工作，但制动踏板行程及整车制动距离会增加。

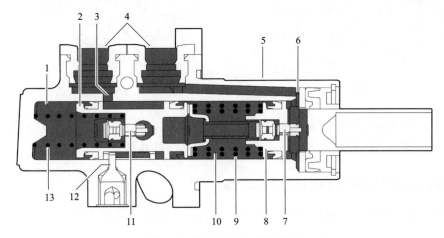

图8-4 制动主缸总成的结构

1—副压力腔；2—副活塞；3—副进油口；4—制动储液罐接口；5—制动主缸；6—主进油口；7—主中心阀；
8—主活塞；9—主弹簧；10—主压力腔；11—副中心阀；12—阀销；13—副弹簧

为了保证汽车能在安全的前提下发挥出高速行驶能力，制动系统必须满足下列要求：
① 具有良好的制动性能。其评价指标有：制动距离、减速度、制动力和制动时间。
② 操纵轻便。即操纵制动系统所需的力不应过大。
③ 制动稳定性好。即制动时，前后车轮制动力分配合理，左右车轮上的制动力矩基本相等，汽车不跑偏、不甩尾。
④ 制动平顺性好。制动力矩能迅速而平稳地增加，也能迅速而彻底地解除。
⑤ 散热性好。连续制动时，制动鼓的温度高达几百摄氏度，摩擦片的抗"热衰退"能力要高；水湿后恢复能力快。

二、制动液的检查与更换

1. 制动液液位的检查

① 检查制动液储液罐内的液面高度。正常情况下应该位于储液罐的 MIN 与 MAX 线之间，如图8-5所示。
② 目视检查储液罐周围是否有油液泄漏。
③ 若油液液位过低，请检查制动系统是否有泄漏。

④ 释放驻车制动，查看制动系统警告灯能否熄灭。如果不能，则检查制动系统是否泄漏。

2. 制动液的更换

① 连接一条塑料管至制动钳总成的放气螺塞上，将塑料管的另一端放入容器中，如图 8-6 所示。

② 踩下制动踏板，从各车轮制动钳总成上的放气螺塞排放制动油液。

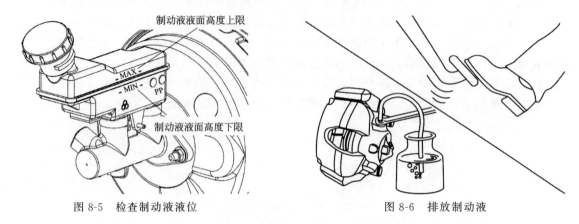

图 8-5　检查制动液液位　　　　图 8-6　排放制动液

③ 使用没有绒毛且干净的布来清洁制动液储液罐的内部，并重新添加新的制动液。

④ 系统在添加新的制动液之后，必须执行制动系统的排放空气动作。

三、制动踏板高度和自由行程的调整

下面以本田飞度轿车为例说明制动踏板高度和自由行程的调整方法。

① 拆下驾驶员侧仪表板底盖。

② 逆时针转动制动灯开关 A，并将其向后拉直至不再接触制动踏板，如图 8-7 所示。

③ 向后拉地毯并在隔振垫上找到切口 B。在踏板衬垫 D 中央，测量踏板到没有隔振垫的地板的高度 C。

踏板标准高度（拆下地毯后）：M/T 139mm；A/T 138mm。

④ 如图 8-8 所示，若踏板高度不合适，可松开推杆锁紧螺母 A，并用钳子将推杆 B 旋入或旋出，直至达到从地板到踏板的标准高度。调整后，牢牢地紧固锁紧螺母。不要通过按压推杆的方法来调整踏板高度。

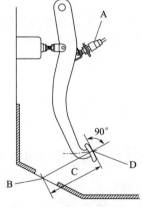 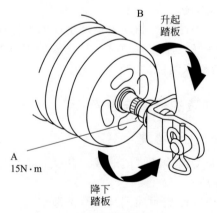

图 8-7　检查制动踏板高度　　　　图 8-8　调整制动踏板高度

⑤ 调整制动灯开关间隙。用手抬起制动踏板，推入制动灯开关直至其柱塞完全压下（螺纹端 A 触到踏板臂上的衬垫 B）。顺时针转动开关 45°将其锁止。锁止制动灯开关，使制动灯开关和衬垫的间隙自动调整到 0.7mm（图 8-9）。踏板松开时，确保制动灯熄灭。

⑥ 按照与拆卸相反的顺序安装所有拆下的零件。

⑦ 检查制动踏板的自由行程。如图 8-10 所示，点火开关在 LOCK（0）位置时，用手推制动踏板以检查制动踏板衬垫 B 的行程 A。如果制动踏板的自由行程超出规定范围，则调整制动灯开关 C。如果制动踏板的自由行程不足，可能造成制动器拖滞。

自由行程：1～5mm。

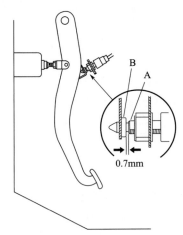

图 8-9　制动灯开关间隙

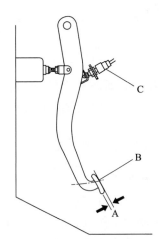

图 8-10　制动踏板自由行程

四、制动系统的排气

注意：

- 不要再次使用排出的制动液。
- 确保无污物或其他异物污染制动液。
- 不要让制动液溅到车辆上，否则可能损坏油漆；如果制动液接触到油漆，立刻用水清洗干净。
- 开始执行放气程序时，总泵储液罐中的制动液必须处于 MAX（上）液位标记处，并在各车轮位置放气后进行检查。如有必要，加注制动液。

制动系统排放空气的具体操作步骤如下：

① 确保储液罐 A 中的制动液液位在 MAX 液位线 B 处，如图 8-11 所示。

② 缓慢地泵压制动踏板几次，然后保持制动踏板在踩下状态。

③ 在前制动系统的驾驶员侧开始放气。

注意：按图 8-12 所示顺序，对制动钳或车轮制动缸放气。

④ 如图 8-13 所示，将一段透明的放气管连接到放气螺钉（箭头）上，软管的另一端放在干净的容器内，然后松开放气螺钉使空气从系统中排出，最后拧紧放气螺钉。

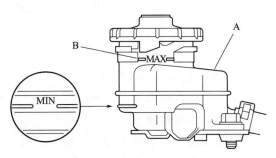

图 8-11　检查制动液液位

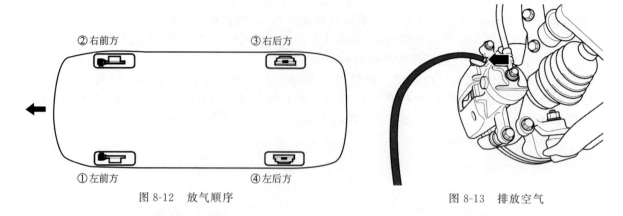

图 8-12 放气顺序　　　　　　　　图 8-13 排放空气

⑤ 重新加注制动液至总泵储液罐 MAX（上）液位线。
⑥ 对每个制动回路重复该程序，直至制动液中不再出现气泡。

五、真空助力器的检查

1. 助力功能检查

发动机熄火时，踩下制动踏板数次，使制动助力器内部的真空变为大气压力。接着踩下制动踏板，启动发动机并检查制动踏板是否会往下沉，如图 8-14 所示。

注意：踩下踏板的间隔约为 5s。

2. 气密性检查

① 让发动机以怠速运转约 1min，在制动助力器达到真空时将发动机熄火。以正常的方式踩下制动踏板，使制动助力器内部的真空变为大气压力。检查制动踏板与底板之间距离是否逐渐增大，如图 8-15 所示。

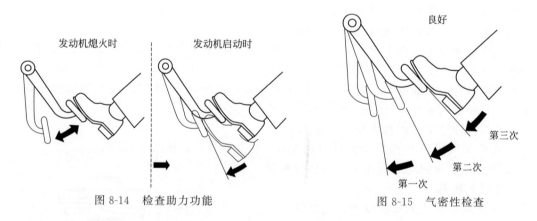

图 8-14 检查助力功能　　　　　　　图 8-15 气密性检查

② 发动机运转时，持续踩住制动踏板，接着将发动机熄火。保持制动踏板踩下的状态约 30s 以上，正常情况下制动踏板的行程应不会发生改变。

3. 真空供给检查

如果真空助力器助力功能丧失或助力作用微弱，除需检查真空助力器外，更应重点检查给助力器提供真空的真空源及其真空管路。

检查时，拔下真空助力器的真空接头，启动发动机使其在怠速运转，用拇指迅速将真空管口堵住。此时若感到有强烈的吸力，则表明发动机提供的真空度足够及真空管路正常；若无强烈的吸力或根本无吸力，则应关掉发动机，检查真空管路是否损坏、卷曲、松动或堵塞。若真空管路损坏，则应予以更换；若真空管路正常，则应用真空表检查发动机怠速时进气歧管的真空度。发动机正常时，其真空表读数应在 40.0～66.7kPa 范围内。

4. 真空单向阀的检查

真空单向阀位于发动机进气歧管和真空助力器之间。发动机进气歧管的真空通过真空单向阀到达真空助力器，但真空助力器的真空不能通过该阀回流。因此，可以通过以下方法测试真空单向阀是否正常：

① 拆下制动助力器上的单向阀。

② 在单向阀的发动机侧，连接手持真空泵进行检查，此时应没有真空产生，如图 8-16 所示。

③ 在单向阀的制动助力器侧，连接手持真空泵进行检查，此时应有真空产生。

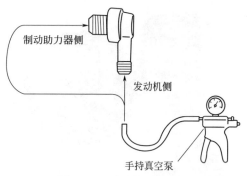

图 8-16 测试真空单向阀

六、真空助力器的更换

① 拆卸蓄电池。
② 拆卸空气滤清器总成。
③ 拆卸电控单元。
④ 排空制动液储液罐。
⑤ 脱开制动液液位传感器插接器 1，如图 8-17 所示。
⑥ 拆卸制动管接头 2，并用堵盖堵住制动管，防止制动液倒流出来。
⑦ 脱开真空助力器的真空管 3。
⑧ 如图 8-18 所示，拆卸制动总泵两个固定螺母 4，取下制动总泵 5 和储液罐总成。

图 8-17 断开各种接头

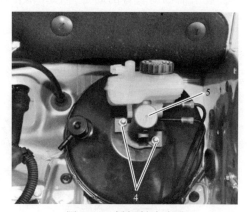

图 8-18 拆卸制动总泵

⑨ 如图 8-19 所示，用一字起撬开卡夹 6，拆下卡夹 6 上面的销子。
⑩ 拆卸 4 个螺母 7，从发动机室中取下真空助力器总成。

注意：检查真空助力器有无损坏情况，若有损坏应该更换新的真空助力器。

⑪ 按照与拆卸相反的顺序安装制动助力器，并注意以下事项：

- 安装制动助力器后安装总泵。
- 安装总泵后，检查制动踏板的高度和自由行程，必要时进行调整。
- 对制动系统进行放气。

七、制动软管的更换

提示：制动液有毒并且有腐蚀性，拆卸制动软管之前在管路接口正下方处放置抹布。

① 排放制动液。

② 拆卸前车轮。

③ 旋出制动软管 1 与制动硬管 2 的自带螺母（箭头），如图 8-20 所示。

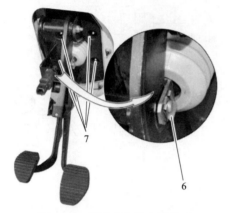
图 8-19 拆下真空助力器总成

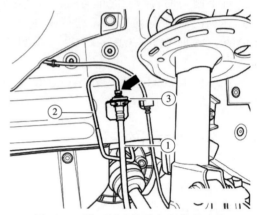
图 8-20 脱开制动软管与硬管的连接

④ 拔出软管安装卡片 3，脱开制动软管与硬管的连接。

⑤ 拆卸制动软管弹簧卡（箭头），脱开制动软管定位胶套 1 与固定支架的连接，如图 8-21 所示。

⑥ 旋出前制动软管的固定螺栓，取出制动软管 1，如图 8-22 所示。

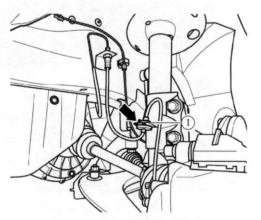
图 8-21 拆卸制动软管弹簧卡

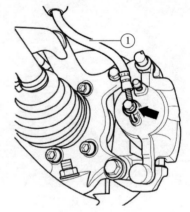
图 8-22 旋出前制动软管固定螺栓

⑦ 安装大体以倒序进行，同时注意下列事项：

- 安装时必须把软管与卡钳连接的一端先固定，并理顺制动软管，确认软管呈自然弯曲状态，然后把胶套往车辆前进方向的下方扭转 5°～10°按紧在支架上。

- 注意胶套分模线位置、弹簧卡与软管胶套的标记。
- 再固定软管的另一端。
⑧ 安装制动软管完成后，添加制动液。
⑨ 必须对四个制动分泵分别排空。

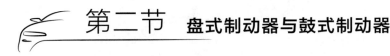

第二节　盘式制动器与鼓式制动器

一、盘式制动器的结构原理

汽车的前轮一般采用盘式制动器，有的采用前通风盘式制动器、后实心盘式制动器这种配置。盘式制动器具有散热快、重量轻、构造简单、调整方便的优点，特别是高负载时耐高温性能好，制动效果稳定。

盘式制动器的工作原理如图 8-23 所示，它主要由制动卡钳、制动器摩擦片、制动盘、分泵活塞等组成。制动盘用合金钢制造并固定在车轮上，随车轮转动，制动盘的内侧有一个护板保护。盘式制动器通过制动管路利用来自总泵的液压力推动活塞，使制动衬块夹紧制动盘的两侧，并使车轮制动减速直至停止转动。

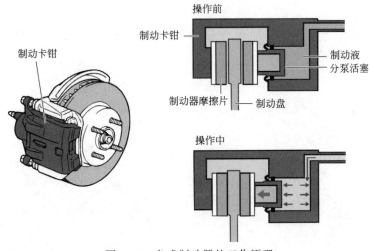

图 8-23　盘式制动器的工作原理

前盘式制动器制动钳的结构如图 8-24 所示，当液压压力传递到制动钳时，活塞向外伸展，迫使内制动衬块压靠在制动盘上。制动钳壳体受到反作用力作用，沿导向销滑行，带动外制动衬块与制动盘接触。如果制动衬块磨损得足够厉害，则右侧制动盘的磨损通过制动衬块磨损传感器，使磨损传感器连接导线断开电路，从而使仪表板上的制动衬块磨损警示灯变亮。

二、制动片的检查与更换

1. 制动片的检查

① 举升车辆前部，将安全支架置于正确位置以支撑车辆。

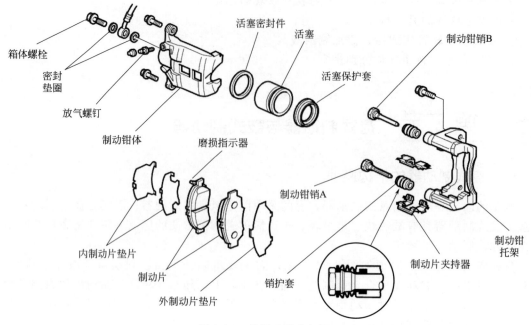

图 8-24 前制动钳分解图

② 拆下前轮。

③ 如图 8-25 所示，检查内制动片 B 和外制动片 C 的厚度 A（不包括制动片底板的厚度）是否超出维修极限值（1~2mm）。

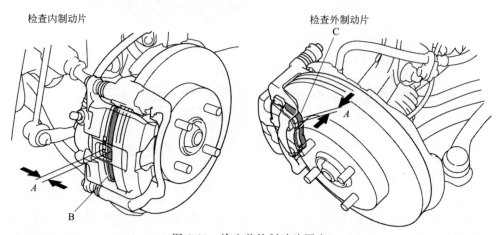

图 8-25 检查前轮制动片厚度

④ 如果任何一个制动片厚度小于维修极限，将所有的前制动片作为一个组件更换。

⑤ 清理制动盘和车轮内侧的接合面，然后安装前轮。

2. 制动片的更换

① 从总泵中排出一些制动液（防止操作时溢出制动液）。

② 举升车辆前部，将安全支架置于正确位置以支撑车辆。

③ 拆下前轮。

④ 拆下制动软管安装螺栓 A，如图 8-26 所示。

⑤ 用扳手固定住制动钳销 C 时，拆下法兰螺栓 B。小心不要损坏销护套，并向上将制动钳 D 旋出。同时，检查软管和销护套是否损坏和老化。

⑥ 取下内外制动片垫片 A 和制动片 B，如图 8-27 所示。

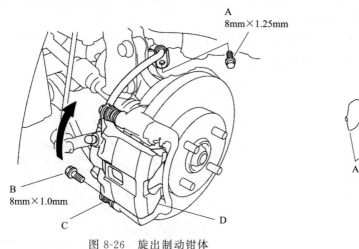

图 8-26　旋出制动钳体　　　　　　　　图 8-27　取下垫片和制动片

⑦ 拆下制动片夹持器 A，如图 8-28 所示。

⑧ 彻底清洁制动钳托架 B，清除所有铁锈，并检查是否有凹槽和裂纹。检查并确认制动钳销 C 能够平稳移进和移出。若需要，进行清理和润滑。

⑨ 检查制动盘，并检查是否损坏和有裂纹。

⑩ 安装制动片夹持器。擦除夹持器上多余的润滑脂，确保制动盘和制动片上没有润滑脂。

⑪ 将通用制动钳活塞压缩工具 A 安装到制动钳体 B 上，如图 8-29 所示。

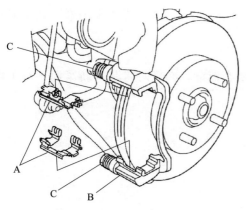 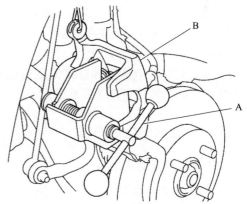

图 8-28　拆下制动片夹持器　　　　　　图 8-29　安装制动钳活塞压缩工具

⑫ 用制动钳活塞压缩工具压住活塞，把制动钳安装在制动片上。向下转动制动钳时，确保活塞保护套已就位，以免损坏制动片。

注意： 压下活塞时，小心制动液可能从总泵储液罐中溢出。如果制动液接触到油漆表面，立刻用水清洗干净。

⑬ 拆下制动钳活塞压缩工具。

⑭ 如图 8-30 所示，将二硫化钼润滑脂涂抹到垫片 A 的制动片侧、制动片 B 的背面以及箭头所指的其他部位。擦除制动片垫片和制动片上多余的润滑脂。确保制动盘和制动片上没有润滑脂。

⑮ 正确安装制动片和制动片垫片。安装制动片时，将磨损指示器 C 置于内侧上部。如果使用旧的制动片，务必将其重装在原来位置。

⑯ 如图 8-31 所示将制动钳向下转至正确位置。用扳手固定制动钳销 B，安装法兰螺栓 A，并将其紧固至规定转矩，小心不要损坏销护套。

⑰ 安装制动软管安装螺栓 C。

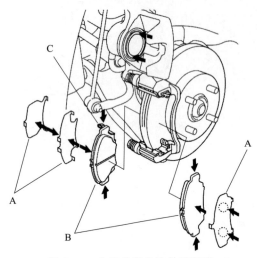

图 8-30　在滑动部位涂抹润滑脂

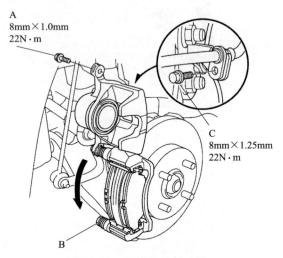

图 8-31　正确安装制动钳

⑱ 清理制动盘和车轮内侧的接合面，然后安装前轮。

⑲ 多次踩下制动踏板，确保制动器工作。

注意：更换制动片组件后，立即使用制动器，可能需要一个较大的踏板行程。踩下制动踏板数次将使踏板行程恢复正常。

⑳ 如有需要添加制动液。

㉑ 安装后，检查软管和管路的接头或连接处是否泄漏，必要时将其重新紧固。对车辆进行测试行驶，然后检查是否泄漏。

三、制动盘的检查方法

1. 检查制动盘的跳动量

① 举升并支撑车辆。

② 拆下前轮。

③ 拆下制动片。

④ 检查车轮的制动盘表面是否损坏和有裂纹。彻底清洁制动盘，并清除所有铁锈。

⑤ 安装合适的平垫圈 A 和车轮螺母 B，并紧固螺母至规定转矩，使制动盘紧靠轮毂。

⑥ 如图 8-32 所示，将百分表对着制动盘放置，并在离制动盘外边缘 10mm 处，测量制动盘的跳动量（维修极限：0.10mm）。

⑦ 如果制动盘超出了维修极限，使用车床修整制动盘表面。

注意：如果制动盘厚度超出维修极限，将其更换。

⑧ 安装制动片。

⑨ 清理制动盘和车轮内侧之间的接合面，然后安装前轮。

2. 检查制动盘的厚度和平行度

① 举升并支撑车辆。

② 拆下前轮。

③ 拆下制动片。

④ 如图 8-33 所示，在制动盘上大约间隔 45°、离制动盘外边缘 10mm 的八个点上，使用千分尺 A 测量制动盘的厚度。如果最小测量值小于表面维修极限（19mm），则更换制动盘。

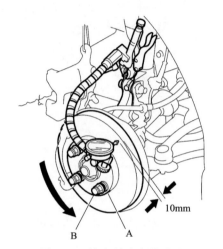

图 8-32　检查制动盘跳动量

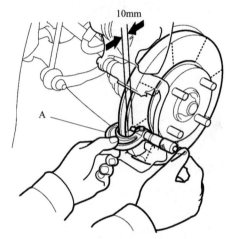

图 8-33　测量制动盘的厚度

⑤ 如果制动盘的平行度超出维修极限（最大 0.015mm），使用车床修整制动盘表面。

注意：如果制动盘厚度超出维修极限，将其更换。

⑥ 安装制动片。

⑦ 清理制动盘和车轮内侧之间的接合面，然后安装前轮。

四、前制动盘的更换

注意：确保制动盘和制动片上没有润滑脂。

① 举升并支撑车辆。

② 拆下前轮。

③ 拆下制动软管安装螺栓 A，如图 8-34 所示。

④ 拆下制动钳托架安装螺栓 B，然后从转向节上拆下制动钳总成 C。为防止损坏制动钳总成或制动软管，用一根短钢丝从底盘吊起制动钳总成。

⑤ 拆下制动盘平头螺钉 A，如图 8-35 所示。

⑥ 将制动盘 B 从前轮毂上拆下。

注意：如果制动盘卡在前轮毂上，将两个螺栓 C 拧入制动盘，将其推离前轮毂。将每个螺栓一次转动 90°，以防止制动盘翘曲。

⑦ 按照与拆卸相反的顺序安装制动盘。

注意：安装制动盘前，清理前轮毂和制动盘内侧的接合面。

⑧ 检查制动盘的跳动量。

⑨ 清理制动盘和车轮内侧之间的接合面，然后安装前轮。

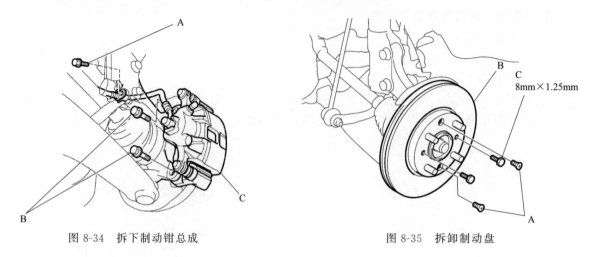

图 8-34　拆下制动钳总成　　　　图 8-35　拆卸制动盘

五、制动钳的维修

1. 制动钳的拆解

① 拆下制动钳体。

② 如图 8-36 所示，将木块 A 或几块抹布塞进制动钳体 B。用压缩空气逐渐吹干活塞，并且将活塞从制动钳体上拆下。

注意：不要将手伸进制动钳体中。

③ 如图 8-37 所示，从制动钳体 C 上拆下活塞保护套 A 和活塞密封件 B。

注意：小心不要让工具损坏油缸壁的内表面。

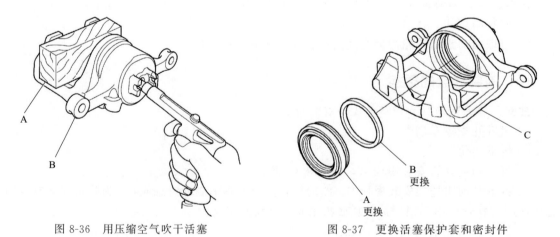

图 8-36　用压缩空气吹干活塞　　　　图 8-37　更换活塞保护套和密封件

2. 制动钳的重新组装

① 如图 8-38 所示，在新的活塞密封件 A 上涂抹一层薄薄的硅基润滑脂，然后将其安装到制动钳体的凹槽内。

② 在新的活塞保护套 B 上涂抹一层薄薄的橡胶润滑脂，然后将其安装到制动钳体的凹槽内。
③ 在活塞的外表面上涂抹制动液，然后将其固定到制动钳体的正确位置。
④ 将制动钳活塞压缩工具 A 安装到制动钳体 B 上，如图 8-39 所示。

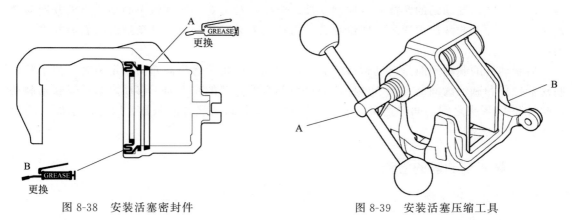

图 8-38　安装活塞密封件　　　　图 8-39　安装活塞压缩工具

⑤ 用制动钳活塞压缩工具压入活塞，确保活塞保护套正确地放置到活塞的凹槽中。
⑥ 安装制动钳体。
⑦ 对液压制动系统进行排气。

六、鼓式制动器的结构原理

汽车的后轮通常采用鼓式制动器，其结构如图 8-40 所示。典型的鼓式制动器主要由底板、制动鼓、制动蹄、制动轮缸（制动分泵）、回位弹簧、定位销等零部件组成。底板安装

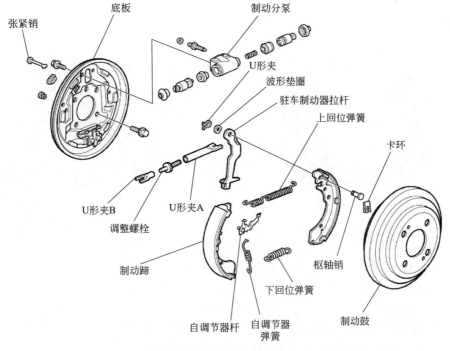

图 8-40　鼓式制动器的结构

在车轴的固定位置上,它是固定不动的,上面装有制动蹄、轮缸、回位弹簧、定位销,承受制动时的旋转扭力。

每个鼓式制动器都有一对安装在制动底板上的制动蹄片,鼓式制动器的旋转元件是制动鼓。制动时,制动轮缸活塞在制动液的力作用下,推出制动蹄,使其绕制动蹄与支撑板的接触点向外旋转,制动蹄的摩擦片压向制动鼓,产生制动力矩,实现汽车制动。当松开制动踏板时,到轮缸上的液压力消失,回位弹簧的力拉动制动蹄片,离开制动鼓的内表面并将返回到原位。

后制动器的制动间隙是自动调节的。当制动间隙因蹄片磨损而超出设定值时,位于驻车制动器拉杆和制动蹄间的自调节器杆,通过自调节器弹簧的拉力向下移动,以补偿驻车制动器拉杆和U形夹之间的间隙增量,使制动蹄进一步向制动鼓方向张开,以补偿摩擦片的磨损量。

七、鼓式制动器的检查

① 举升并支撑车辆。
② 拆下后轮。
③ 松开驻车制动器,并拆下后制动鼓。
④ 检查制动分泵A是否泄漏,如图8-41所示。
⑤ 检查制动片B是否断裂、磨光、磨损和污染。

注意: 被污染的制动片或制动鼓会降低制动能力。

⑥ 测量制动片的厚度C(不包括制动蹄厚度)。
⑦ 如果制动片厚度小于维修极限(1.0mm),将制动蹄作为一个组件予以更换。
⑧ 检查轮毂D是否平稳工作。如果需要维修,更换轮毂轴承单元。
⑨ 使用内径游标卡尺测量制动鼓的内径,如图8-42所示。

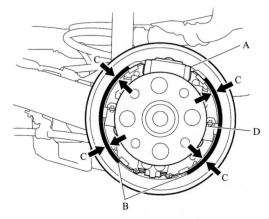

图8-41 检查制动蹄片的厚度

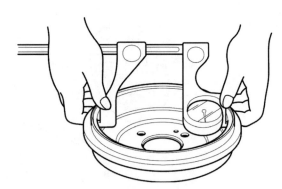

图8-42 测量制动鼓的内径

⑩ 如果制动鼓的内径大于维修极限,则更换制动鼓。
⑪ 检查制动鼓是否有划痕、凹槽、腐蚀和裂纹。
⑫ 安装后制动鼓。

注意: 安装制动鼓前,清理后轮毂和制动鼓内侧的接合面。

⑬ 清理制动鼓和车轮内侧之间的接合面,然后安装后轮。

八、后轮制动鼓的更换

① 举升并支撑车辆。

② 拆下后轮。

③ 松开驻车制动器,并从轮毂轴承单元上拆下制动鼓 A,如图 8-43 所示。

注意:

• 如有必要,用平头螺丝刀旋转调整螺栓 B 直至制动蹄松开。

• 如果制动鼓卡在轮毂轴承单元上,将两个 8mm× 1.25mm 的螺栓 C 拧入制动鼓,从而将制动鼓从轮毂轴承单元推出。将每个螺栓一次转动 90°,以防止制动鼓翘曲。

• 安装后,按压制动踏板几次以确保制动器工作并自调制动蹄。

④ 按照与拆卸相反的顺序安装制动鼓。

注意: 安装制动鼓前,清理后轮毂和制动鼓内侧的接合面。

⑤ 清理制动鼓和车轮内侧之间的接合面,然后安装后轮。

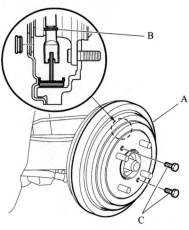

图 8-43 拆卸制动鼓

九、后轮制动蹄的更换

鼓式制动器最常见的维修是更换制动蹄,后轮制动蹄的更换方法如下:

1. 制动蹄的拆解

① 举升并支撑车辆。

② 拆下后轮。

③ 松开驻车制动器,并拆下制动鼓。

④ 推动两边的夹持器弹簧 B 并转动张紧销,以便将张紧销 A 拆下,如图 8-44 所示。

⑤ 拆下下回位弹簧 A,并从轮毂上拆下制动蹄总成,如图 8-45 所示。

⑥ 拆下上回位弹簧 B,并拆解制动蹄总成。

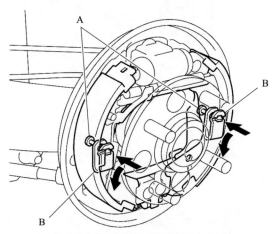

图 8-44 拆下夹持器弹簧和张紧销

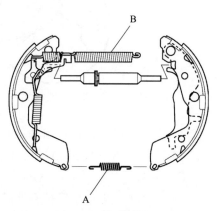

图 8-45 拆下制动蹄回位弹簧

⑦ 如图 8-46 所示，从驻车制动杆 B 上断开驻车制动器拉线 A，并拆下制动蹄。

⑧ 将 U 形夹 A、波形垫圈 B 和枢轴销 C 拆下，并从制动蹄 E 上拆下驻车制动器拉杆 D，如图 8-47 所示。

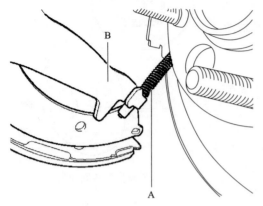

图 8-46　断开驻车制动器拉线

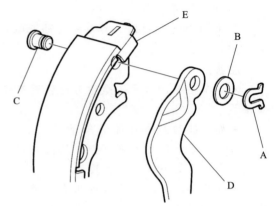

图 8-47　分离制动蹄

2. 制动蹄的重新安装

① 如图 8-48 所示，将驻车制动杆 A 安装在后制动蹄 B 上，并用枢轴销 C、波形垫圈 D 和新的 U 形夹将其固定。牢牢夹住 U 形夹以免其脱落。

② 将驻车制动器拉线连接到驻车制动器拉杆上。

③ 如图 8-49 所示，在滑动表面涂抹钼化物润滑脂。清除多余的润滑脂，不要把润滑脂弄到制动片上。

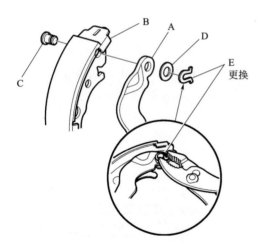

图 8-48　初步安装制动蹄

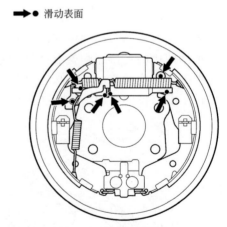

图 8-49　涂抹润滑脂 1

④ 如图 8-50 所示，将自调节器 C 和自调节器弹簧 D 安装在前制动蹄 E 上。

⑤ 用 U 形夹 A、调节螺栓 F、U 形夹 B 和上回位弹簧 G 组装制动蹄。

注意： 将调节螺栓完全拧入 U 形夹 A。

⑥ 如图 8-51 所示，在滑动表面涂抹钼化物润滑脂，清除多余的润滑脂。

⑦ 将制动蹄顶部敲入制动分泵活塞，制动蹄底部敲入定位板，将制动蹄总成安装在底板上。

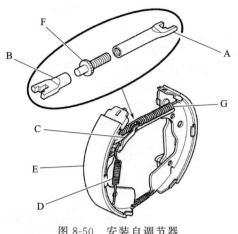
图 8-50　安装自调节器

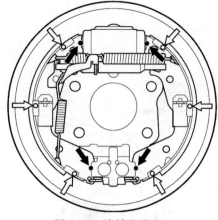
图 8-51　涂抹润滑脂 2

⑧ 如图 8-44 所示，推动弹簧并转动各个销以安装张紧销 A 并固定夹持器弹簧 B。
⑨ 安装下回位弹簧。
⑩ 安装制动鼓。
注意： 安装制动鼓前，清理后轮毂和制动鼓内侧的接合面。
⑪ 清理制动鼓和车轮内侧之间的接合面，然后安装后轮。
⑫ 踩下制动踏板数次以确保制动器工作并设定自调节制动器。
注意： 更换制动蹄组件后，立即使用制动器，可能需要一个较大的踏板行程。踩下制动踏板数次将使踏板行程恢复正常。
⑬ 调节驻车制动器。

第三节　驻车制动系统

一、概述

驻车制动，一般俗称"手刹"。有的车型，如日产汽车，驻车制动是用脚操作的，称为"脚刹"。驻车制动系统的组成如图 8-52 所示。进行驻车制动时，先踩下行车制动踏板使汽车停驶，然后用手向上全部拉起驻车制动拉杆。欲松开驻车制动时，同样踩下制动器踏板，将驻车制动拉杆向上稍微提起，用拇指按下手柄端上的按钮，然后将驻车制动拉杆放低到最低的位置即可。

驻车制动系统的作用是保证汽车长时间可靠地停驻原地，使汽车不溜车。汽车上普遍应用车轮驻车制动器，与行车制动装置共用一套后轮制动器，结构简单紧凑。

驻车制动器的类型有鼓式、盘式和盘鼓组合式三种。抬起手刹拉杆可拉动连接至制动蹄杠杆的弹性拉索。棘爪的移动（具有在与之固定的两根弹性拉杆间平衡和分配牵引力的作用）可控制拉杆对于后制动器的作用力。

鼓式驻车制动器的结构如图 8-53 所示。驻车制动时，向上拉动驻车制动操纵杆，制动拉索通过驻车制动杠杆和驻车制动推杆将行车制动器的前制动蹄压靠到制动鼓上，同时通过驻车制动杠杆和支撑销将后制动蹄压靠到制动鼓上，产生制动作用。盘鼓组合驻车制动器是

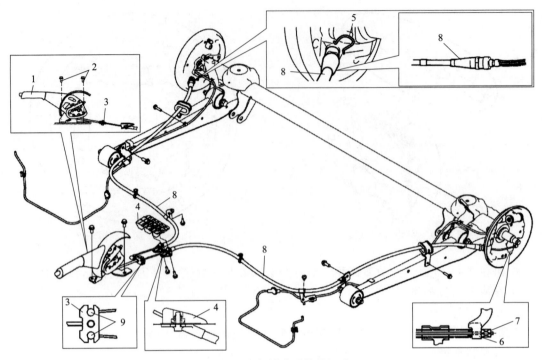

图 8-52 驻车制动系统的组成

1—驻车制动拉杆；2—驻车制动拉杆安装螺栓；3—平衡块；4—驻车制动拉索盖；5—驻车制动拉索夹子；6—制动蹄杠杆；7—驻车制动拉索端（蹄杠杆侧）；8—驻车制动拉索；9—驻车制动拉索端（平衡块侧）

在盘式制动器的制动盘中心集成了鼓式驻车制动装置。盘式驻车制动器则是通过机械装置将制动活塞压上制动盘，以固定制动盘。

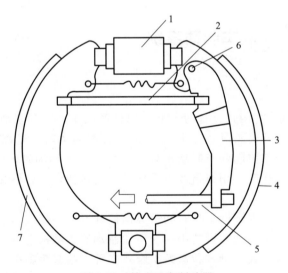

图 8-53 鼓式驻车制动器

1—制动分泵；2—驻车制动推杆；3—驻车制动杠杆；4—后制动蹄；5—拉索；6—支撑销；7—前制动蹄

现在很多乘用车都采用了四轮盘式制动器，驻车制动器的操纵机构集成在后轮制动器内。图 8-54 展示了可以从外部看到的所有后轮制动器部件。

图 8-54　后轮制动器部件和驻车制动器
1—车轮转速传感器；2—驻车制动器拉索；3—液压软管；4—驻车制动器操纵杆；
5—制动摩擦片磨损传感器导线；6—制动钳

如图 8-55 所示，盘式驻车制动器的卡钳总成还有一个带输入轴的操纵杆。施加驻车制动时，通过拉索拉动操纵杆，使操纵杆转动，然后通过输入轴和可调节的推杆作用于卡钳的活塞，推杆和螺母克服弹簧垫圈的压力，通过活塞将内制动衬块压靠在制动盘上。同时，另一个制动衬块也被滑动的活塞壳体压靠在制动盘上，实现驻车制动。

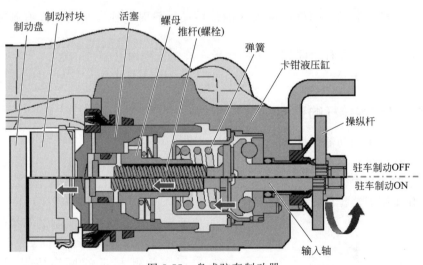

图 8-55　盘式驻车制动器

二、驻车制动器的检查和调节

1. 驻车制动器的检查

① 如图 8-56 所示，用力拉动驻车制动器拉杆 A 以完全施加驻车制动，驻车制动器拉杆应该在规定的"咔嗒"声次数内锁止。

注意：拉杆锁止时"咔嗒"次数：6～10 次。

② 如果"咔嗒"声的次数不在规定范围之内，则调节驻车制动器。

2. 驻车制动器的调节

注意：维修后制动蹄后，松开驻车制动器调节螺母，启动发动机并踩下制动踏板数次，以在调节驻车制动器前固定自调制动器。

① 举升并支撑车辆。
② 拆下后扶手箱。
③ 拉起驻车制动器拉杆，使其"咔嗒"一次。
④ 如图8-57所示，转动后轮时，紧固驻车制动器调整螺母A，直至驻车制动器轻微拖滞。

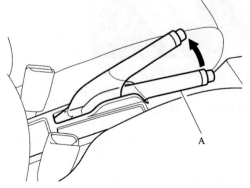

图8-56 拉起驻车制动器拉杆

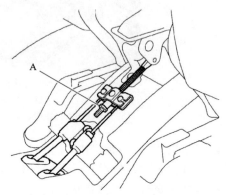

图8-57 紧固驻车制动器调整螺母

⑤ 完全松开驻车制动器拉杆，检查并确认转动后轮时，驻车制动器没有拖滞。必要时重新调节。
⑥ 确保驻车制动器拉杆"咔嗒"声的次数在规定范围内（6～10次）。
⑦ 重新安装后扶手箱。

三、驻车制动器拉杆的更换

① 完全松开驻车制动器拉杆。
② 拆下后扶手箱。
③ 将驻车制动开关插接器A从驻车制动开关B上断开，如图8-58所示。
④ 拆下驻车制动器拉杆安装螺栓C。

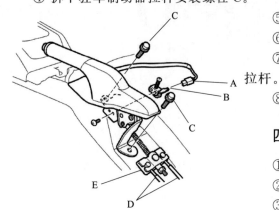

⑤ 从平衡器E上断开驻车制动器拉线D。
⑥ 拆下驻车制动开关。
⑦ 按照与拆卸相反的顺序安装驻车制动器拉杆。
⑧ 最后调节驻车制动器。

四、驻车制动器拉线的更换

① 完全松开驻车制动器拉杆。
② 拆下后扶手箱。
③ 松开驻车制动器拉线调整螺母A，如图8-59所示。

图8-58 拆卸驻车制动器拉杆

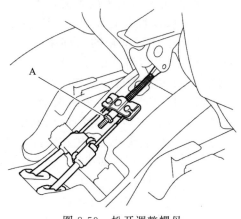

图 8-59　松开调整螺母

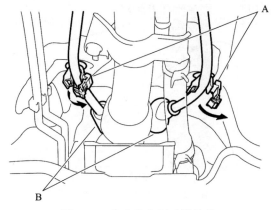

图 8-60　拉出驻车制动器拉线

④ 拆下卡扣 A，如图 8-60 所示。

⑤ 拆下驻车制动器拉线防尘罩 B，并从车身地板拉出驻车制动器拉线。

⑥ 拆下制动软管，并从制动蹄的驻车制动器拉杆上断开驻车制动器拉线 A，如图 8-61 所示。

⑦ 在底板 D 的反面，将拉线卡扣 B 从拉线插入部分 C 上拆下。

⑧ 拉动驻车制动器拉线并将其从底板上拆下。

⑨ 按照与拆卸相反的顺序安装驻车制动器拉线，并注意以下事项：

- 小心不要弯曲或扭曲拉线。
- 将驻车拉线托架的凸出部位 E 与底板插入部分的开口 F 对准。
- 向内插直至拉线托架的凹槽 G 与拉线插入部分的开口 H 对准。
- 通过将卡扣的直角端 I 插入拉线插入部分的开口来安装拉线卡扣，并牢牢紧固驻车拉线托架。

⑩ 调节驻车制动器。

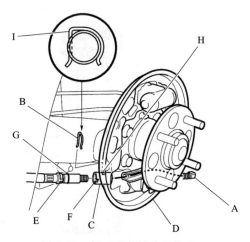

图 8-61　断开驻车制动器拉线

第四节　制动控制系统

一、防抱死制动系统（ABS）

电子控制防抱死制动系统（ABS）是一种主动安全装置。当汽车制动时，如果前轮抱死，汽车会失去转向能力，驾驶员在制动过程中躲避障碍物、行人，以及弯道行驶所必须采取的转向操纵就无法实现；如果后轮抱死，汽车的制动稳定性就会变差，在很小的侧向力影响下，汽车就会发生甩尾，甚至出现掉头等危险现象。此外，车轮抱死时，轮胎局部剧烈摩擦会导致轮胎寿命大大缩短。

使用 ABS 系统，能精确地控制车轮的滑移率在 10%～30% 的范围内（图 8-62 阴影部分

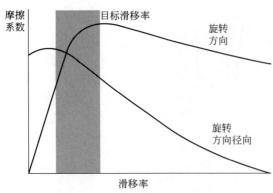

图 8-62　车辆滑移率与摩擦系数

所示),以确保轮胎的最大附着力,因此也确保了车辆的操纵性和稳定性。ABS 根据四个车轮的转速计算车轮的滑移率,然后控制制动液压力以达到目标滑移率。

滑移率=(车速-轮速)/车速×100%

当车辆未制动时,车轮为纯滚动状态,车轮的滑移率为 0%;当车轮因制动液压力过大而抱死时,轮速为 0,车轮在路面上处于纯滑动状态,车轮的滑移率为 100%,此时车辆将丧失转向性能。

汽车上安装的 ABS 系统,是在汽车原有制动系统基础上,增设了电子控制装置。其功能是在汽车制动过程中,自动调节车轮制动力,防止车轮抱死,从而获得最佳制动性能,大大提高行车安全性。如图 8-63 所示,ABS 系统通常由车轮转速传感器、制动压力调节装置、电子控制单元和 ABS 警示灯组成。在不同的 ABS 系统中,制动压力调节装置的结构形式和工作原理往往不同,电子控制单元的内部结构和控制逻辑也可能不尽相同。

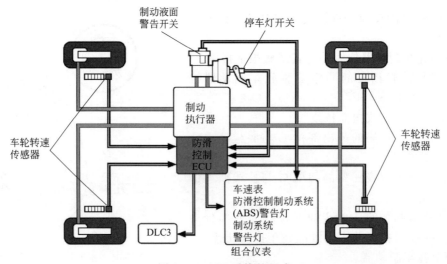

图 8-63　ABS 系统的组成

如图 8-64 所示,ABS 液压调节装置总成通常安装在发动机舱内,靠近制动总泵的地方。

如图 8-65 所示,ABS 控制单元根据它接收到的车轮转速传感器信号来检测车轮转速,然后它根据检测到的车轮转速计算车速。在车辆制动过程中,控制单元计算每个车轮的滑移率,当滑移率高的时候,向制动压力调节电磁阀发送控制信号,以调节车轮的制动压力,使车轮达到最佳的制动效果,缩短制动距离。

图 8-64　ABS 液压调节装置总成

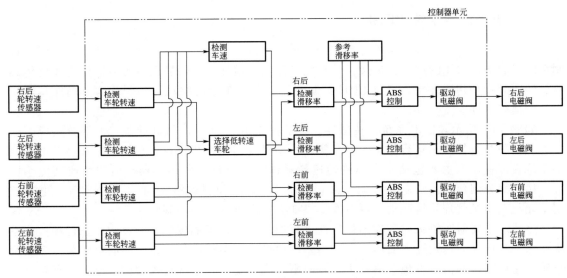

图 8-65　ABS 系统工作原理示意图

但是，ABS 系统不是在所有的情况下都能使制动距离缩短，例如，在砂石路面上或刚下完雪的光滑路面上。当 ABS 系统工作时，可以感到制动踏板抖动，同时听到"嗒嗒"声响，此纯属正常现象。如果一个车轮的速度范围相对车速来说过低并有抱死的趋势，则对这个车轮的制动压力便会减小。这个调节过程可通过制动踏板噪声察觉出来。

如图 8-66 所示，ABS 液压调节装置（调制器单元）包括进口电磁阀（IN）、出口电磁阀（OUT）、储液罐、泵、泵电机和缓冲室。该装置在制动总泵与分泵之间，主要作用是作为 ABS 控制单元的执行元件，接收执行信号控制电磁阀通断。它通过三种液压控制模式（压力增强、压力保持和压力减小）不断地调节车轮的制动压力。

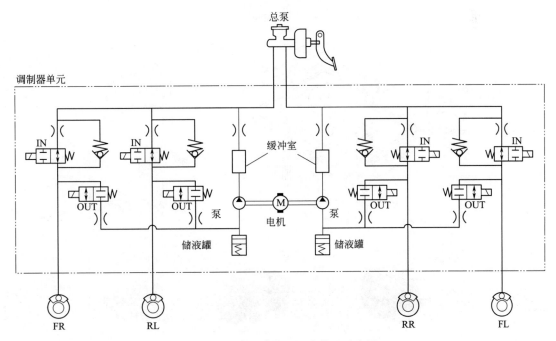

图 8-66　四通道液压调节装置示意图

二、电子稳定系统(ESP)

电子稳定系统是车辆新型的主动安全系统,是汽车防抱死制动系统(ABS)和牵引力控制系统(TCS)功能的进一步扩展,并在此基础上,增加了车辆转向行驶时横摆角速度传感器、转向盘转角传感器等,通过ECU控制前后、左右车轮的驱动力和制动力,确保车辆行驶的侧向稳定性。

如图8-67所示,ESP系统由传感器、电子控制器(ECU)和执行器三大部分组成,通过电子控制器监控汽车运行状态,对车辆的发动机及制动系统进行干预控制。典型的电子稳定系统在传感器上主要包括4个车轮转速传感器、转向盘转角传感器、横摆角速度传感器等,执行部分则包括传统制动系统(真空助力器、管路和制动器)、液压调节器等,电子控制单元与发动机管理系统联动,可对发动机动力输出进行干预和调整。

该系统主要对车辆纵向和横向稳定性进行控制,保证车辆按照驾驶员的意识行驶。该系统在保证车辆横向稳定性方面体现在,当系统通过横摆角速度传感器、转向盘转角传感器及车轮转速传感器的信号发现车辆发生了转向不足或过度时,系统会控制单个或多个车轮进行制动,来调整汽车变换车道或在过弯时的车身姿态,使汽车在变换车道或过弯时能够更加平稳而安全。

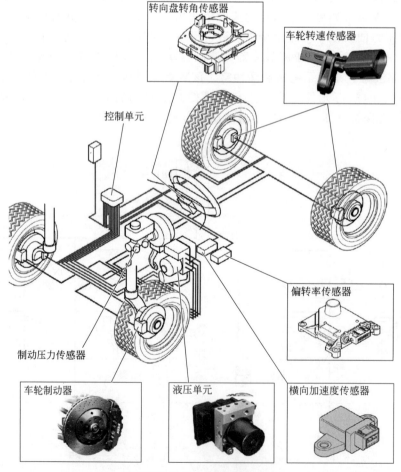

图8-67 电子稳定系统的组成

三、 ABS/ESP 系统电路图

凯翼 X3 汽车的 ABS 系统电路如图 8-68 和图 8-69 所示。

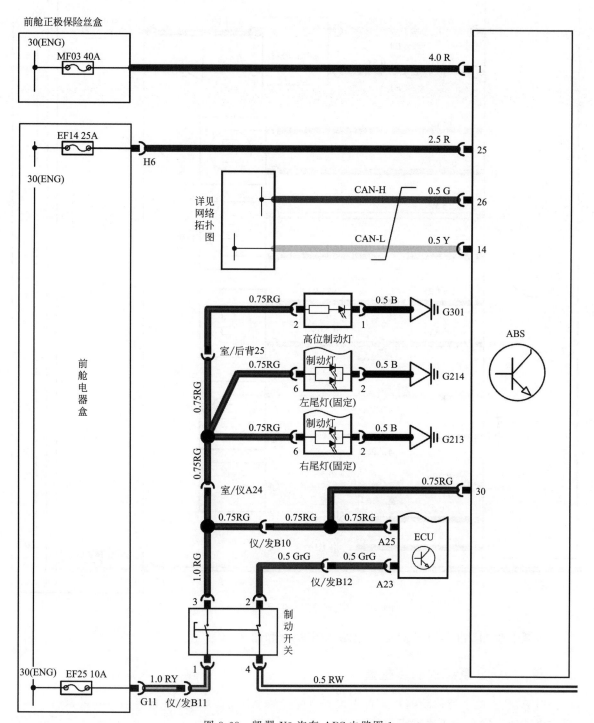

图 8-68 凯翼 X3 汽车 ABS 电路图 1

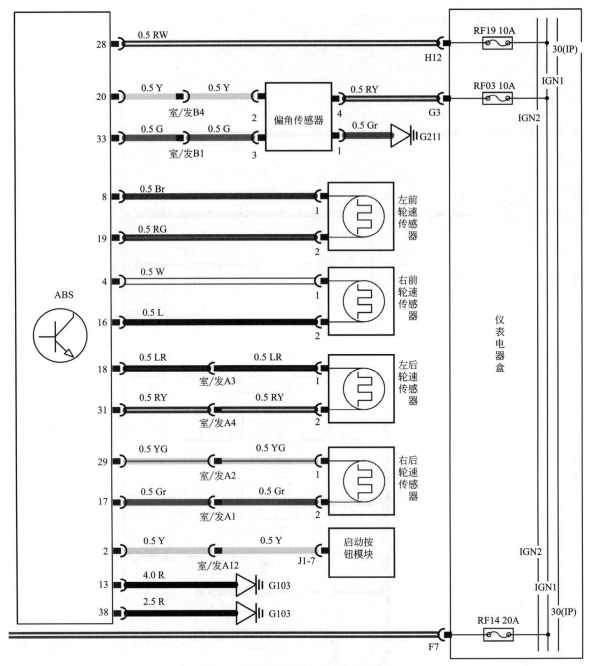

图 8-69 凯翼 X3 汽车 ABS 电路图 2

长城哈弗 H6 汽车的 ESP 系统电路如图 8-70 和图 8-71 所示。

四、ABS 系统的初步检查

对 ABS 系统进行诊断前,应首先检查可能导致 ABS 系统故障并且容易接触的部件,目视检查和外观检查能快速确定故障。

① 确保车辆上只安装推荐尺寸的轮胎和轮毂。同轴轮胎的花纹样式和深度必须一样。

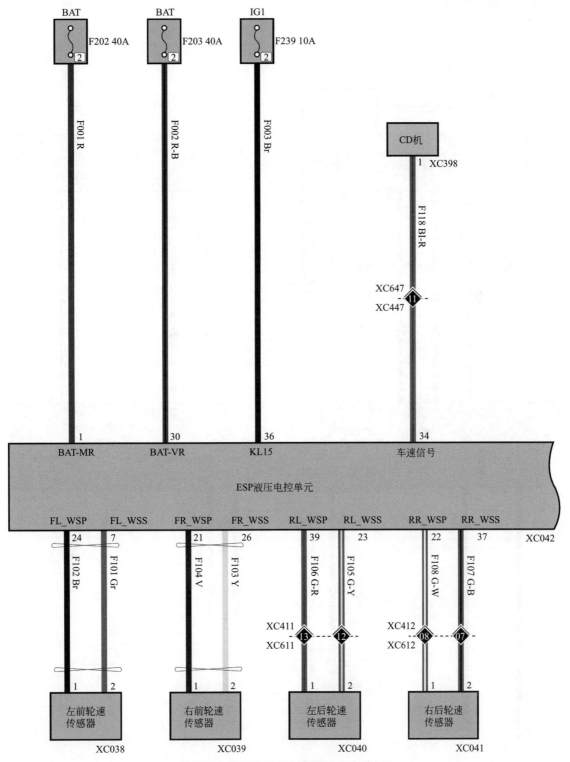

图 8-70 长城哈弗 H6 汽车 ESP 电路图 1

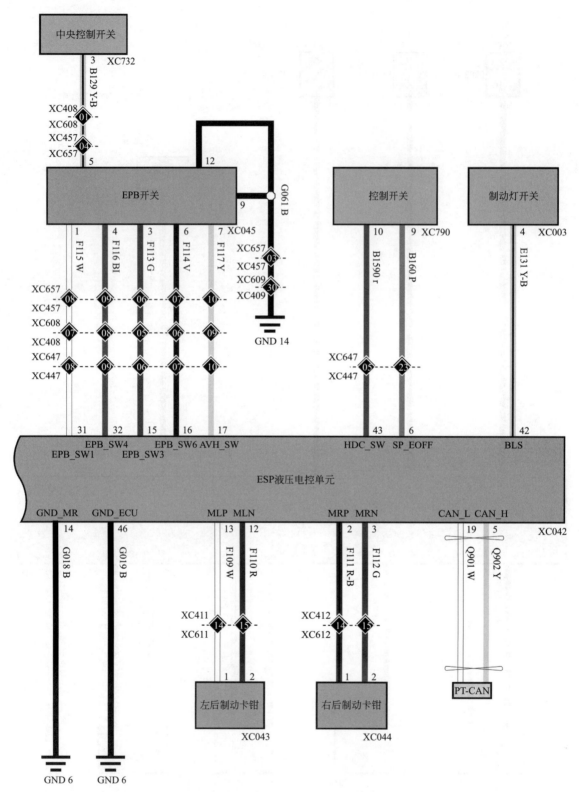

图 8-71 长城哈弗 H6 汽车 ESP 电路图 2

② 检查 ABS 液压调节器、制动管路及连接处是否有泄漏。

③ 检查 ABS 系统保险丝，确保保险丝没有烧毁并且型号正确。ABS 系统有三个保险丝，分别是：泵电机保险丝、电磁阀保险丝、电子控制单元保险丝。

④ 检查蓄电池电压，检查蓄电池接线柱是否腐蚀或松动。ABS 系统的正常工作电压范围是 9~16V。

⑤ 检查 ABS 接地线的搭铁点是否松动，搭铁位置是否被改变。

⑥ ABS 接地线必须具有良好的密封性，以避免水、湿气在毛细（虹吸）效应作用下，经由线束中的孔道渗入 ABS ECU 的接头，由此引起功能失效。

⑦ 对下列电气部件进行目检和外观检查：
- ABS 系统相关部件的线束和插接件是否正确连接、是否被夹伤或割伤。
- 线束布线是否过于靠近高压或大电流装置，如高压电气部件、发电机/起动机、售后加装的立体声放大器等，如图 8-72 所示。
- ABS 部件对电磁干扰（EMI）很敏感。如果怀疑有间歇性故障，检查加装的防盗装置、灯或移动电话是否安装不正确。

⑧ ABS 是一种主动安全系统，它的主要作用是最大限度地利用地面附着，保持汽车的可操纵性和行驶的稳定性。但是，当超过物理极限或在湿滑路面上高速行车时（图 8-73），ABS 也不能完全防止汽车发生滑移。

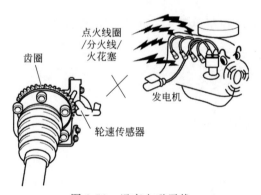

图 8-72 远离电磁干扰

图 8-73 湿滑路面高速行车

⑨ 如果 ABS 噪声过大，可能由以下原因导致：
- ABS 总成与 ABS 支架的固定松动。
- ABS 支架与车身的固定松动。
- ABS 支架上的塑料垫圈缺失或损坏。
- 制动管路变形、磕碰、干涉。
- 制动管路支架卡扣损坏。

五、ABS 控制单元的拆卸和安装

广汽传祺 GS4 轿车 ABS 控制单元的拆卸和安装方法如下：

① 使用吸液器将制动液从储液罐中吸空。

② 关闭所有用电器，关闭点火开关或启动开关。

③ 断开蓄电池负极连接。

④ 按压插头锁销定位扣，沿箭头方向打开 ABS 控制单元的电器插头 1，打开插头锁止

支架，脱开插头 2，如图 8-74 所示。

⑤ 在 ABS 控制单元下面垫上无絮抹布。

⑥ 如图 8-75 所示，旋出制动总泵至 ABS 控制单元连接的自带螺母 A，并脱开连接。

⑦ 旋出制动硬管至 ABS 控制单元连接的自带螺母 B，并脱开连接。

⑧ 用密封塞将制动管路和螺纹孔密封。

螺母 A 拧紧力矩：(20 ± 2)N·m。螺母 B 拧紧力矩：(17 ± 2)N·m。

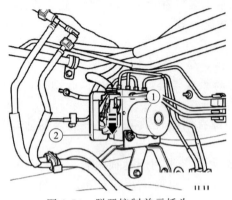 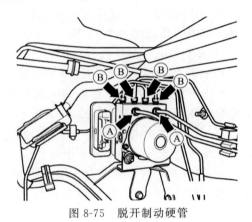

图 8-74　脱开控制单元插头　　　　　图 8-75　脱开制动硬管

⑨ 旋出 ABS 控制单元支架的固定螺栓，取出 ABS 控制单元 1，如图 8-76 所示。

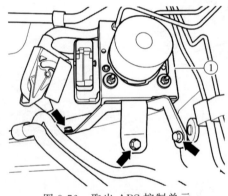

图 8-76　取出 ABS 控制单元

⑩ 安装大体以倒序进行，同时注意下列事项：

• 只有安装相应的制动管路时，才能去除新液压单元上的密封塞。

• 如果先前已经从液压单元上脱开密封塞，那么制动液就可能流出，就不能保证足够的加注量。

• 检查制动液液位，必要时添加。

• 安装完毕后，对制动系统进行排气。

六、前轮 ABS 轮速传感器的拆卸和安装

广汽传祺 GS4 轿车前轮 ABS 轮速传感器的拆卸和安装方法如下：

① 关闭所有用电器，关闭点火开关或启动开关。

② 断开蓄电池负极连接。

③ 拆卸前轮。
④ 拆卸前轮挡泥板。
⑤ 断开前轮 ABS 轮速传感器插头 A 连接，并脱开线束定位卡扣 B，如图 8-77 所示。
⑥ 脱开前轮 ABS 轮速传感器的线束定位卡扣（箭头），如图 8-78 所示。

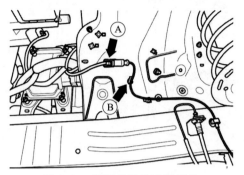

图 8-77　断开轮速传感器插头

图 8-78　脱开线束定位卡扣

⑦ 旋出前轮 ABS 轮速传感器的固定螺栓 A，将前轮 ABS 传感器 1 从前转向节上脱开，如图 8-79 所示。
⑧ 从支架上脱开前轮 ABS 轮速传感器线束的胶套 B，小心地取出前轮 ABS 传感器 1。
⑨ 安装大体以倒序进行，同时注意在装入轮速传感器前要清洁安装孔的内表面。

七、后轮 ABS 轮速传感器的拆卸和安装

广汽传祺 GS4 轿车后轮 ABS 轮速传感器的拆卸和安装方法如下：
① 关闭所有用电器，关闭点火开关或启动开关。
② 断开蓄电池负极连接。
③ 拆卸后轮。
④ 断开后轮 ABS 轮速传感器插头 A 连接，并脱开卡扣，如图 8-80 所示。
⑤ 从支架上脱开后轮 ABS 轮速传感器线束的胶套 B。
⑥ 从支架上脱开后轮 ABS 轮速传感器线束的胶套（箭头），如图 8-81 所示。

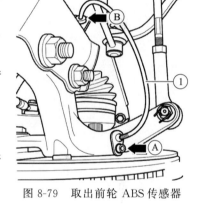

图 8-79　取出前轮 ABS 传感器

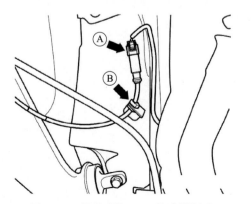

图 8-80　断开后轮 ABS 传感器插头

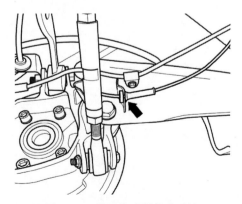

图 8-81　脱开传感器线束胶套

⑦ 旋出 ABS 轮速传感器的固定螺栓（箭头），将后轮 ABS 轮速传感器 1 从后轴节上脱开，如图 8-82 所示。

⑧ 小心地取出后轮 ABS 轮速传感器。

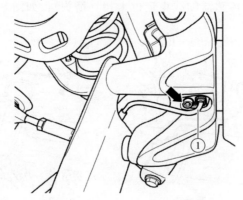

图 8-82　取出后轮 ABS 传感器

⑨ 安装大体以倒序进行，同时注意在装入轮速传感器前要清洁安装孔的内表面。